民事起诉状、答辩状示范文本

（试行）

中国法制出版社

目　录

最高人民法院　司法部　中华全国律师协会关于印发部分案件民事起诉状、答辩状示范文本（试行）的通知

（2024年3月4日　法〔2024〕46号）

各省、自治区、直辖市高级人民法院、司法厅（局）、律师协会，解放军军事法院，新疆维吾尔自治区高级人民法院生产建设兵团分院，新疆生产建设兵团司法局、律师协会：

为适应我国经济社会高质量发展，满足人民群众对于诉讼便利以及提升司法质效的更高需求，针对金融借款、民间借贷、劳动争议等11类常见多发的民事案件，最高人民法院商司法部、中华全国律师协会研究制定了《民事起诉状、答辩状示范文本（试行）》。该示范文本自2024年3月4日起试行，试行期一年。试行过程中，请注意以下问题：

一、充分认识发布民事起诉状、答辩状示范文本的重要意义，做好应用及宣传工作。制作起诉状、答辩状是当事人参与诉讼程序的第一道关口，也是实现庭审优质化的前端要件，直接关系到人民群众诉讼权利的保障和实现，关系到人民法院解决纠纷的质量和效率。此次发布的起诉状、答辩状示范文本，坚持问题导向，针对常见多发的民事纠纷类型，为当事人起诉、答辩提供规范全面的诉讼指引，方便人民群众聚焦诉讼请求、争议问题、事实理由，有针对性地提供诉讼材料，回应人民群众对于司法审判质效的更高需求，加快推进司法审判工作现代化。各级人民法院、司法行政机关和各律师协会要提高政治

站位，充分认识起诉状、答辩状规范化工作的价值取向、重要作用，做好应用及宣传工作，通过为人民群众提供优质高效的诉讼服务，实现“公正与效率”工作目标，不断提升人民群众司法获得感和满意度。

二、坚持以人民为中心，牢固树立方便人民群众诉讼的工作理念。此次发布的示范文本采用表格化、要素化方式，意在让人民群众看得明白、用得方便。各级人民法院、司法行政机关和各律师协会要引导、指导好当事人使用示范文本。各级人民法院、人民法庭要在官方网站醒目位置提供示范文本下载渠道，在诉讼服务大厅提供空白文书样式和实例参考文本，方便当事人现场取用。对于未委托诉讼代理人、在立案窗口起诉的当事人，人民法院要根据当事人的需要，耐心询问、指导、帮助当事人依照示范文本填写有关内容。当事人坚持提交其他形式起诉状、答辩状的，要充分尊重当事人的选择，不得以格式或者内容不符合示范文本要求为由，拒绝立案或强制要求反复修改，不合理增加当事人的诉讼负担。

三、注重发现总结问题。试行中注意梳理和积累发现的问题及意见建议，及时层报最高人民法院、司法部、中华全国律师协会，为下一步正式施行打牢基础。

民事起诉状、答辩状
示范文本（试行）

民事起诉状
（民间借贷纠纷）

<table>
<tr><td colspan="2">

说明：

为了方便您参加诉讼，保护您的合法权利，请填写本表。

1. 起诉时需向人民法院提交证明您身份的材料，如身份证复印件、营业执照复印件等。

2. 本表所列内容是您提起诉讼以及人民法院查明案件事实所需，请务必如实填写。

3. 本表所涉内容系针对民间借贷纠纷案件，有些内容可能与您的案件无关，您认为与案件无关的项目可以填“无”或不填；对于本表中勾选项可以在对应项打“√”；您认为另有重要内容需要列明的，可以在本表尾部或者另附页填写。

★特别提示★

《中华人民共和国民事诉讼法》第十三条第一款规定：“民事诉讼应当遵循诚信原则。”

如果诉讼参加人违反上述规定，进行虚假诉讼、恶意诉讼，人民法院将视违法情形依法追究责任。

</td></tr>
<tr><td colspan="2">当事人信息</td></tr>
<tr><td>原告（自然人）</td><td>姓名：
性别：男□　女□
出生日期：　　年　月　日　　民族：
工作单位：　　职务：　　联系电话：
住所地（户籍所在地）：
经常居住地：
证件类型：
证件号码：</td></tr>
<tr><td>原告（法人、非法人组织）</td><td>名称：
住所地（主要办事机构所在地）：
注册地/登记地：
法定代表人/主要负责人：　　职务：　　联系电话：
统一社会信用代码：
类型：有限责任公司□　股份有限公司□　上市公司□　其他企业法人□
事业单位□　社会团体□　基金会□　社会服务机构□
机关法人□　农村集体经济组织法人□　城镇农村的合作经济组织法人□　基层群众性自治组织法人□
个人独资企业□　合伙企业□　不具有法人资格的专业服务机构□
国有□（控股□参股□）民营□</td></tr>
</table>

续表

<table>
<tr><td>委托诉讼代理人</td><td>有□
姓名：
单位：　　　　　　　职务：　　　　　　　联系电话：
代理权限：一般授权□　特别授权□
无□</td></tr>
<tr><td>送达地址（所填信息除书面特别声明更改外，适用于案件一审、二审、再审所有后续程序）及收件人、电话</td><td>地址：
收件人：
电话：</td></tr>
<tr><td>是否接受电子送达</td><td>是□　方式：短信______ 微信______ 传真______ 邮箱______
其他______
否□</td></tr>
<tr><td>被告（自然人）</td><td>姓名：
性别：男□　女□
出生日期：　　　年　　月　　日　　　　民族：
工作单位：　　　　　　职务：　　　　　　联系电话：
住所地（户籍所在地）：
经常居住地：</td></tr>
<tr><td>被告（法人、非法人组织）</td><td>名称：
住所地（主要办事机构所在地）：
注册地/登记地：
法定代表人/主要负责人：　　　职务：　　　联系电话：
统一社会信用代码：
类型：有限责任公司□　股份有限公司□　上市公司□　其他企业法人□
事业单位□　社会团体□　基金会□　社会服务机构□
机关法人□　农村集体经济组织法人□　城镇农村的合作经济组织法人□　基层群众性自治组织法人□
个人独资企业□　合伙企业□　不具有法人资格的专业服务机构□
国有□（控股□参股□）民营□</td></tr>
</table>

续表

第三人（自然人）	姓名： 性别：男□　女□ 出生日期：　　　年　　月　　日　　　　民族： 工作单位：　　　　　　职务：　　　　　联系电话： 住所地（户籍所在地）： 经常居住地：
第三人（法人、非法人组织）	名称： 住所地（主要办事机构所在地）： 注册地/登记地： 法定代表人/主要负责人：　　　职务：　　　联系电话： 统一社会信用代码： 类型：有限责任公司□　股份有限公司□　上市公司□　其他企业法人□ 事业单位□　社会团体□　基金会□　社会服务机构□ 机关法人□　农村集体经济组织法人□　城镇农村的合作经济组织法人□　基层群众性自治组织法人□ 个人独资企业□　合伙企业□　不具有法人资格的专业服务机构□ 国有□（控股□参股□）民营□
诉讼请求和依据	
1. 本金	截至　　　年　　月　　日止，尚欠本金　　　　元（人民币，下同；如外币需特别注明）
2. 利息	截至　　　年　　月　　日止，欠利息　　　　元；计算方式： 是否请求支付至实际清偿之日止：是□　否□
3. 是否要求提前还款或解除合同	是□　提前还款（加速到期）□/解除合同□ 否□
4. 是否主张担保权利	是□　内容： 否□
5. 是否主张实现债权的费用	是□　明细： 否□
6. 其他请求	
7. 标的总额	

续表

8. 请求依据	合同约定： 法律规定：
约定管辖和诉讼保全	
1. 有无仲裁、法院管辖约定	有□　合同条款及内容： 无□
2. 是否申请财产保全措施	已经诉前保全：是□　　保全法院：　　保全时间： 否□ 申请诉讼保全：是□ 否□
事实和理由	
1. 合同签订情况（名称、编号、签订时间、地点等）	
2. 签订主体	贷款人： 借款人：
3. 借款金额	约定： 实际提供：
4. 借款期限	是否到期：是□　否□ 约定期限：　　年　月　日起至　　年　月　日止
5. 借款利率	利率□　%/年（季/月）（合同条款：第　条）
6. 借款提供时间	年　月　日，　　元
7. 还款方式	等额本息□ 等额本金□ 到期一次性还本付息□ 按月计息、到期一次性还本□ 按季计息、到期一次性还本□ 按年计息、到期一次性还本□ 其他□
8. 还款情况	已还本金：　　元 已还利息：　　元，还息至　　年　月　日
9. 是否存在逾期还款	是□　逾期时间：　　至今已逾期 否□

续表

10. 是否签订物的担保（抵押、质押）合同	是□　签订时间： 否□
11. 担保人、担保物	担保人： 担保物：
12. 是否最高额担保（抵押、质押）	是□ 否□ 担保债权的确定时间： 担保额度：
13. 是否办理抵押、质押登记	是□　正式登记□ 　　　预告登记□ 否□
14. 是否签订保证合同	是□　签订时间：　　　　保证人： 　　　主要内容： 否□
15. 保证方式	一般保证　　□ 连带责任保证□
16. 其他担保方式	是□　形式：　　　　　签订时间： 否□
17. 其他需要说明的内容（可另附页）	
18. 证据清单（可另附页）	

具状人（签字、盖章）：

日期：

民事答辩状
（民间借贷纠纷）

<table>
<tr><td colspan="4">

说明：

为了方便您参加诉讼，保护您的合法权利，请填写本表。

1. 应诉时需向人民法院提交证明您身份的材料，如身份证复印件、营业执照复印件等。

2. 本表所列内容是您参加诉讼以及人民法院查明案件事实所需，请务必如实填写。

3. 本表所涉内容系针对一般民间借贷纠纷案件，有些内容可能与您的案件无关，您认为与案件无关的项目可以填“无”或不填；对于本表中勾选项可以在对应项打“√”；您认为另有重要内容需要列明的，可以在本表尾部或者另附页填写。

★特别提示★

《中华人民共和国民事诉讼法》第十三条第一款规定：“民事诉讼应当遵循诚信原则。”

如果诉讼参加人违反上述规定，进行虚假诉讼、恶意诉讼，人民法院将视违法情形依法追究责任。

</td></tr>
<tr><td>案号</td><td></td><td>案由</td><td></td></tr>
<tr><td colspan="4">**当事人信息**</td></tr>
<tr><td>答辩人（自然人）</td><td colspan="3">姓名：
性别：男□　女□
出生日期：　　年　　月　　日　　民族：
工作单位：　　　职务：　　　联系电话：
住所地（户籍所在地）：
经常居住地：</td></tr>
<tr><td>答辩人（法人、非法人组织）</td><td colspan="3">名称：
住所地（主要办事机构所在地）：
注册地/登记地：
法定代表人/主要负责人：　　职务：　　联系电话：
统一社会信用代码：
类型：有限责任公司□　股份有限公司□　上市公司□　其他企业法人□
事业单位□　社会团体□　基金会□　社会服务机构□
机关法人□　农村集体经济组织法人□　城镇农村的合作经济组织法人□　基层群众性自治组织法人□
个人独资企业□　合伙企业□　不具有法人资格的专业服务机构□
国有□（控股□参股□）民营□</td></tr>
</table>

续表

<table>
<tr><td>委托诉讼代理人</td><td>有□
姓名：
单位： 职务： 联系电话：
代理权限：一般授权□ 特别授权□
无□</td></tr>
<tr><td>送达地址（所填信息除书面特别声明更改外，适用于案件一审、二审、再审所有后续程序）及收件人、联系电话</td><td>地址：
收件人：
联系电话：</td></tr>
<tr><td>是否接受电子送达</td><td>是□ 方式：短信______ 微信______ 传真______ 邮箱______
其他______
否□</td></tr>
<tr><td colspan="2">答辩事项和依据
（对原告诉讼请求的确认或者异议）</td></tr>
<tr><td>1. 对本金有无异议</td><td>无□
有□ 事实和理由：</td></tr>
<tr><td>2. 对利息有无异议</td><td>无□
有□ 事实和理由：</td></tr>
<tr><td>3. 对提前还款或解除合同有无异议</td><td>无□
有□ 事实和理由：</td></tr>
<tr><td>4. 对担保权利诉请有无异议</td><td>无□
有□ 事实和理由：</td></tr>
<tr><td>5. 对实现债权的费用有无异议</td><td>无□
有□ 事实和理由：</td></tr>
<tr><td>6. 对其他请求有无异议</td><td>无□
有□ 事实和理由：</td></tr>
<tr><td>7. 对标的总额有无异议</td><td>无□
有□ 事实和理由：</td></tr>
<tr><td>8. 答辩依据</td><td>合同约定：
法律规定：</td></tr>
</table>

续表

事实和理由 （对起诉状事实和理由的确认或者异议）	
1. 对合同签订情况（名称、编号、签订时间、地点等）有无异议	无□ 有□　事实和理由：
2. 对签订主体有无异议	无□ 有□　事实和理由：
3. 对借款金额有无异议	无□ 有□　事实和理由：
4. 对借款期限有无异议	无□ 有□　事实和理由：
5. 对借款利率有无异议	无□ 有□　事实和理由：
6. 对借款提供时间有无异议	无□ 有□　事实和理由：
7. 对还款方式有无异议	无□ 有□　事实和理由：
8. 对还款情况有无异议	无□ 有□　事实和理由：
9. 对是否逾期还款有无异议	无□ 有□　事实和理由：
10. 对是否签订物的担保合同有无异议	无□ 有□　事实和理由：
11. 对担保人、担保物有无异议	无□ 有□　事实和理由：
12. 对最高额抵押担保有无异议	无□ 有□　事实和理由：
13. 对是否办理抵押/质押登记有无异议	无□ 有□　事实和理由：
14. 对是否签订保证合同有无异议	无□ 有□　事实和理由：

续表

15. 对保证方式有无异议	无□ 有□　事实和理由：
16. 对其他担保方式有无异议	无□ 有□　事实和理由：
17. 有无其他免责/减责事由	无□ 有□　事实和理由：
18. 其他需要说明的内容（可另附页）	无□ 有□　内容：
19. 证据清单（可另附页）	

答辩人（签字、盖章）：

日期：

实例：

民事起诉状
（民间借贷纠纷）

<table>
<tr><td colspan="2">说明：
为了方便您参加诉讼，保护您的合法权利，请填写本表。
1. 起诉时需向人民法院提交证明您身份的材料，如身份证复印件、营业执照复印件等。
2. 本表所列内容是您提起诉讼以及人民法院查明案件事实所需，请务必如实填写。
3. 本表所涉内容系针对一般民间借贷纠纷案件，有些内容可能与您的案件无关，您认为与案件无关的项目可以填“无”或不填；对于本表中勾选项可以在对应项打“√”；您认为另有重要内容需要列明的，可以在本表尾部或者另附页填写。
★特别提示★
《中华人民共和国民事诉讼法》第十三条第一款规定：“民事诉讼应当遵循诚信原则。”
如果诉讼参加人违反上述规定，进行虚假诉讼、恶意诉讼，人民法院将视违法情形依法追究责任。</td></tr>
<tr><td colspan="2">当事人信息</td></tr>
<tr><td>原告（自然人）</td><td>姓名：沈××
性别：男□　女☑
出生日期：1985 年 5 月 25 日　　民族：汉族
工作单位：无　　职务：无　　联系电话：××××××××
住所地（户籍所在地）：福建省惠安县螺阳镇村下村×组</td></tr>
<tr><td>委托诉讼代理人</td><td>有☑
姓名：李××
单位：福建省惠安县×法律服务所　职务：法律服务工作者
联系电话：××××××××
代理权限：一般授权☑　特别授权□
无□</td></tr>
<tr><td>送达地址（所填信息除书面特别声明更改外，适用于案件一审、二审、再审所有后续程序）及收件人、联系电话</td><td>地址：惠安县×××路 1 号
收件人：李××
联系电话：××××××××</td></tr>
<tr><td>是否接受电子送达</td><td>是☑　方式：短信______ 微信______ 传真______
电子邮箱×××@ QQ. COM　其他______
否□</td></tr>
</table>

续表

被告（自然人）	姓名：董×× 性别：男☑　女□ 出生日期：1955 年 5 月 25 日　　　　民族：汉族 工作单位：无　　　职务：无　　　　联系电话：×××××××× 住所地（户籍所在地）：福建省惠安县 住所地：福建省惠安县螺阳镇村下村×组
诉讼请求和依据	
1. 本金	截至 2023 年 2 月 10 日止，尚欠本金 590065 元（人民币，下同）
2. 利息	截至 2023 年 2 月 10 日止，欠利息 46261. 85 元 是否请求支付至实际清偿之日止：是☑　否□
3. 是否要求提前还款或解除合同	是□　提前还款（加速到期）□/解除合同□ 否□
4. 是否主张担保权利	是☑　内容： 否□
5. 是否主张实现债权的费用	是☑　费用明细：律师费、财产保全费（已实际发生为准） 否□
6. 其他请求	本案诉讼费用由被告承担。
7. 标的总额	636327 元（暂计至 2023 年 2 月 10 日）
8. 请求依据	合同约定：《借款合同》第 3 条、第 8 条等 法律规定：《最高人民法院关于适用〈中华人民共和国民法典〉时间效力的若干规定》第一条第二款、《中华人民共和国合同法》第一百零七条、第二百零五条、第二百零六条，《中华人民共和国担保法》第十八条、第二十一条
约定管辖和诉讼保全	
1. 有无仲裁、法院管辖约定	有☑　合同条款及内容：第 15 条　发生争议由被告所在地人民法院管辖 无□
2. 是否申请财产保全措施	已经诉前保全：是□　　　保全法院：　　　保全时间： 否☑ 申请诉讼保全：是☑ 否□

续表

事实和理由	
1. 合同签订情况（名称、编号、签订时间、地点等）	2019 年 7 月 16 日，在原告所在地签订《借款合同》
2. 签订主体	出借人：沈× 借款人：董×
3. 借款金额	约定：10 万元整 实际提供：10 万元
4. 借款期限	是否到期：是☑ 否☐ 约定期限：2019 年 7 月 16 日起至 2020 年 7 月 15 日止
5. 借款利率	利率☑ 10%/年（季/月）（合同条款：第 3 条）
6. 借款发放时间	2019 年 7 月 16 日，银行转账 10 万元
7. 还款方式	等额本息☐ 等额本金☐ 到期一次性还本付息☐ 到期一次性还本☑ 按季计息、到期一次性还本☐ 按年计息、到期一次性还本☐ 其他☐
8. 还款情况	已还本金：0 元 已还利息：0 元，还息至 年 月 日
9. 是否存在逾期还款	是☑ 逾期时间：2020 年 7 月 16 日至起诉时已逾期 100 天 否☐
10. 是否签订物的担保（抵押、质押）合同	是☐ 签订时间： 否☑
11. 担保人、担保物	担保人： 担保物：
12. 是否最高额担保（抵押、质押）	是☐ 否☑ 担保债权的确定时间： 担保额度：

续表

13. 是否办理抵押、质押登记	是☐ 正式登记☐ 预告登记☐ 否☑
14. 是否签订保证合同	是☐ 否☑
15. 保证方式	一般保证 ☐ 连带责任保证☑
16. 其他担保方式	是☐ 形式： 签订时间： 否☑
17. 其他需要说明的内容（可另附页）	
18. 证据清单（可另附页）	附页

具状人（签字、盖章）：沈×

日期：2020 年 10 月 26 日

民事答辩状
（民间借贷纠纷）

<table>
<tr><td colspan="4">说明：
为了方便您更好地参加诉讼，保护您的合法权利，请填写本表。
1. 应诉时需向人民法院提交证明您身份的材料，如身份证复印件、营业执照复印件等。
2. 本表所列内容是您参加诉讼以及人民法院查明案件事实所需，请务必如实填写。
3. 本表所涉内容系针对一般民间借贷纠纷案件，有些内容可能与您的案件无关，您认为与案件无关的项目可以填“无”或不填；对于本表中勾选项可以在对应项打“√”；您认为另有重要内容需要列明的，可以在本表尾部或者另附页填写。
★特别提示★
《中华人民共和国民事诉讼法》第十三条第一款规定：“民事诉讼应当遵循诚信原则。”
如果诉讼参加人违反上述规定，进行虚假诉讼、恶意诉讼，人民法院将视违法情形依法追究责任。</td></tr>
<tr><td>案号</td><td>（2023）闽×××民初×××号</td><td>案由</td><td>民间借贷纠纷</td></tr>
<tr><td colspan="4">当事人信息</td></tr>
<tr><td>答辩人（自然人）</td><td colspan="3">姓名：董××
性别：男☑ 女☐
出生日期：1955 年 5 月 25 日 民族：汉族
工作单位：无 职务：无 联系电话：××××××××
住所地（户籍所在地）：福建省惠安县</td></tr>
<tr><td>委托诉讼代理人</td><td colspan="3">有☑
姓名：杨×× 单位：福建省泉州市××律师事务所
职务：律师
联系电话：136××××××
代理权限：一般授权☑ 特别授权☐
无☐</td></tr>
<tr><td>送达地址（所填信息除书面特别声明更改外，适用于案件一审、二审、再审所有后续程序）及收件人、电话</td><td colspan="3">地址：福建省惠安县螺阳镇村下村×组
收件人：董×
电话：136×××××</td></tr>
<tr><td>是否接受电子送达</td><td colspan="3">是☑ 方式：短信_____ 微信_____ 传真_____ 邮箱×××@ QQ. COM
其他_____
否☐</td></tr>
</table>

续表

答辩事项和依据 （对原告诉讼请求的确认或者异议）	
1. 对本金有无异议	无☐ 有☐　事实和理由：
2. 对利息（复利、罚息）有无异议	无☐ 有☐　事实和理由：合同未约定复利，不应支付复利
3. 对提前还款或解除合同有无异议	无☐ 有☐　事实和理由：
4. 对担保权利诉请有无异议	无☐ 有☐　事实和理由：
5. 对实现债权的费用有无异议	无☐ 有☐　事实和理由：
6. 对其他请求有无异议	无☐ 有☑　事实和理由：诉讼费用由法院判决
7. 对标的总额有无异议	无☐ 有☑　事实和理由：
8. 答辩依据	合同约定：《民间借贷合同》 法律规定：《最高人民法院关于适用〈中华人民共和国民法典〉时间效力的若干规定》第一条第二款、《中华人民共和国合同法》第三十九条、第四十条、第二百零六条，《中华人民共和国担保法》第十八条、第二十一条
事实和理由 （对起诉状事实和理由的确认或者异议）	
1. 对合同签订情况（名称、编号、签订时间、地点）有无异议	无☑ 有☐
2. 对签订主体有无异议	无☑ 有☐
3. 对借款金额有无异议	无☑ 有☐　事实和理由：
4. 对借款期限有无异议	无☑ 有☐　事实和理由：

续表

5. 对借款利率有无异议	无☑ 有☐　事实和理由：
6. 对借款提供时间有无异议	无☑ 有☐　事实和理由：
7. 对还款方式有无异议	无☑ 有☐　事实和理由：
8. 对还款情况有无异议	无☑ 有☐　事实和理由：
9. 对是否逾期还款有无异议	无☑ 有☐
10. 对是否签订物的担保合同有无异议	无☑ 有☐
11. 对担保人、担保物有无异议	无☐ 有☐　事实和理由：
12. 对最高额抵押担保有无异议	无☐ 有☐　事实和理由：
13. 对是否办理抵押/质押登记有无异议	无☐ 有☐　事实和理由：
14. 对是否签订保证合同有无异议	无☑ 有☐　事实和理由：
15. 对保证方式有无异议	无☑ 有☐　事实和理由：
16. 对其他担保方式有无异议	无☐ 有☐　事实和理由：
17. 有无其他免责/减责事由	无☐ 有☐　内容：
18. 其他需要说明的内容（可另附页）	本人暂时经济困难，请求宽限还款
19. 证据清单（可另附页）	

答辩人（签字、盖章）：董××

日期：××年××月××日

民事起诉状
（离婚纠纷）

<table>
<tr><td colspan="2">

说明：

为了方便您更好地参加诉讼，保护您的合法权利，请填写本表。

1. 起诉时需向人民法院提交证明您身份的材料，如身份证复印件、营业执照复印件等。

2. 本表所列内容是您提起诉讼以及人民法院查明案件事实所需，请务必如实填写。

3. 本表所涉内容系针对一般离婚纠纷案件，有些内容可能与您的案件无关，您认为与案件无关的项目可以填“无”或不填；对于本表中勾选项可以在对应项打“√”；您认为另有重要内容需要列明的，可以在本表尾部或者另附页填写。

★特别提示★

《中华人民共和国民事诉讼法》第十三条第一款规定：“民事诉讼应当遵循诚信原则。”

如果诉讼参加人违反上述规定，进行虚假诉讼、恶意诉讼，人民法院将视违法情形依法追究责任。

</td></tr>
<tr><td colspan="2">当事人信息</td></tr>
<tr><td>原告</td><td>姓名：
性别：男□ 女□
出生日期： 年 月 日
民族：
工作单位： 职务： 联系电话：
住所地（户籍所在地）：
经常居住地：</td></tr>
<tr><td>委托诉讼代理人</td><td>有□
姓名：
单位： 职务： 联系电话：
代理权限：一般授权□ 特别授权□
无□</td></tr>
<tr><td>送达地址（所填信息除书面特别声明更改外，适用于案件一审、二审、再审所有后续程序）及收件人、电话</td><td>地址：
收件人：
电话：</td></tr>
<tr><td>是否接受电子送达</td><td>是□ 方式：短信______ 微信______ 传真______ 邮箱______
其他______
否□</td></tr>
</table>

续表

被告	姓名： 性别：男□　女□ 出生日期：　　　年　　月　　日 民族： 工作单位：　　　　职务：　　　　联系电话： 住所地（户籍所在地）： 经常居住地：
诉讼请求和依据	
1. 解除婚姻关系	（具体主张）
2. 夫妻共同财产	无财产□ 有财产□： （1）房屋明细：　　　归属：原告□/被告□/其他□（　）； （2）汽车明细：　　　归属：原告□/被告□/其他□（　）； （3）存款明细：　　　归属：原告□/被告□/其他□（　）； （4）其他（按照上述样式列明） ……
3. 夫妻共同债务	无债务□ 有债务□ （1）债务 1：　　　承担主体：原告□/被告□/其他□（　）； （2）债务 2：　　　承担主体：原告□/被告□/其他□（　）； ……
4. 子女直接抚养	无此问题□ 有此问题□ 子女 1：　　　归属：原告□/被告□ 子女 2：　　　归属：原告□/被告□ ……
5. 子女抚养费	无此问题□ 有此问题□ 抚养费承担主体：原告□/被告□ 金额及明细： 支付方式：
6. 探望权	无此问题□ 有此问题□ 探望权行使主体：原告□/被告□ 行使方式：

续表

7. 离婚损害赔偿/离婚经济补偿/离婚经济帮助	无此问题☐ 离婚损害赔偿☐ 金额： 离婚经济补偿☑ 金额： 离婚经济帮助☐ 金额：
8. 诉讼费用	（金额明细）
9. 本表未列明的其他请求	
约定管辖和诉讼保全	
1. 有无仲裁、法院管辖约定	有☐　合同条款及内容： 无☐
2. 是否申请财产保全措施	已经诉前保全：是☐　　保全法院：　　保全时间： 否☐ 申请诉讼保全：是☐ 否☐
事实和理由	
1. 婚姻关系基本情况	结婚时间： 生育子女情况： 双方生活情况： 离婚事由： 之前有无提起过离婚诉讼：
2. 夫妻共同财产情况	事实和理由
3. 夫妻共同债务情况	事实和理由
4. 子女直接抚养情况	子女应归原告或者被告直接抚养的事由
5. 子女抚养费情况	原告或者被告应支付抚养费及相应金额、支付方式的事由
6. 子女探望权情况	不直接抚养子女一方应否享有探望权以及具体行使方式的事由
7. 赔偿/补偿/经济帮助相关情况	符合离婚损害赔偿、离婚经济补偿或离婚经济帮助的相关事实等

续表

8. 其他	
9. 诉请依据	法律及司法解释的规定，要写明具体条文
10. 证据清单（可另附页）	附页

具状人（签字、盖章）：

日期：

民事答辩状
（离婚纠纷）

<table>
<tr><td colspan="4">说明：
为了方便您更好地参加诉讼，保护您的合法权利，请填写本表。
1. 应诉时需向人民法院提交证明您身份的材料，如身份证复印件、营业执照复印件等。
2. 本表所列内容是您参加诉讼以及人民法院查明案件事实所需，请务必如实填写。
3. 本表所涉内容系针对一般离婚纠纷案件，有些内容可能与您的案件无关，您认为与案件无关的项目可以填“无”或不填；对于本表中勾选项可以在对应项打“√”；您认为另有重要内容需要列明的，可以在本表尾部或者另附页填写。
★特别提示★
《中华人民共和国民事诉讼法》第十三条第一款规定：“民事诉讼应当遵循诚信原则。”
如果诉讼参加人违反上述规定，进行虚假诉讼、恶意诉讼，人民法院将视违法情形依法追究责任。</td></tr>
<tr><td>案号</td><td></td><td>案由</td><td></td></tr>
<tr><td colspan="4">当事人信息</td></tr>
<tr><td>答辩人</td><td colspan="3">姓名：
性别：男□　女□
出生日期：　　　年　　月　　日
民族：
工作单位：　　　　　职务：　　　　　联系电话：
住所地（户籍所在地）：
经常居住地：</td></tr>
<tr><td>委托诉讼代理人</td><td colspan="3">有□
姓名：
单位：　　　　　职务：　　　　　联系电话：
代理权限：一般授权□　特别授权□
无□</td></tr>
<tr><td>送达地址（所填信息除书面特别声明更改外，适用于案件一审、二审、再审所有后续程序）及收件人、电话</td><td colspan="3">地址：
收件人：
电话：</td></tr>
</table>

续表

是否接受电子送达	是□　方式：短信______ 微信______ 传真______ 邮箱______ 其他______ 否□
答辩事项和依据 （对原告诉讼请求的确认或者异议）	
1. 对解除婚姻关系的确认和异议	确认□　异议□ 事由：
2. 对夫妻共同财产诉请的确认和异议	确认□　异议□ 事由：
3. 对夫妻共同债务诉请的确认和异议	确认□　异议□ 事由：
4. 对子女直接抚养诉请的确认和异议	确认□　异议□ 事由：
5. 对子女抚养费诉请的确认和异议	确认□　异议□ 事由：
6. 对子女探望权诉请的确认和异议	确认□　异议□ 事由：
7. 对赔偿/补偿/经济帮助的确认和异议	确认□　异议□ 事由：
8. 其他事由	
9. 答辩的依据	法律及司法解释的规定，要写明具体条文
10. 证据清单（可另附页）	附页

答辩人（签字、盖章）：

日期：

实例：

民事起诉状
（离婚纠纷）

<table>
<tr><td colspan="2">

说明：

为了方便您更好地参加诉讼，保护您的合法权利，请填写本表。

1. 起诉时需向人民法院提交证明您身份的材料，如身份证复印件、营业执照复印件等。

2. 本表所列内容是您提起诉讼以及人民法院查明案件事实所需，请务必如实填写。

3. 本表所涉内容系针对一般离婚纠纷案件，有些内容可能与您的案件无关，您认为与案件无关的项目可以填“无”或不填；对于本表中勾选项可以在对应项打“√”；您认为另有重要内容需要列明的，可以在本表尾部或者另附页填写。

★特别提示★

《中华人民共和国民事诉讼法》第十三条第一款规定：“民事诉讼应当遵循诚信原则。”

如果诉讼参加人违反上述规定，进行虚假诉讼、恶意诉讼，人民法院将视违法情形依法追究责任。

</td></tr>
<tr><td colspan="2">当事人信息</td></tr>
<tr><td>原告</td><td>姓名：王××
性别：男□　女☑
出生日期：1982 年××月××日
民族：汉族
工作单位：××公司　职务：职员　联系电话：×××××
住所地（户籍所在地）：北京市××区××街道×××小区×××号
经常居住地：北京市××区××街道×××小区×××号</td></tr>
<tr><td>委托诉讼代理人</td><td>有☑
姓名：简××
单位：××律师事务所　职务：律师　联系电话：×××××
代理权限：一般授权□　特别授权☑
无□</td></tr>
<tr><td>送达地址（所填信息除书面特别声明更改外，适用于案件一审、二审、再审所有后续程序）及收件人、电话</td><td>地址：北京市××区××大厦××室
收件人：简××
电话：×××××</td></tr>
<tr><td>是否接受电子送达</td><td>是☑　方式：短信<u>×××××</u> 微信______ 传真______ 邮箱______
其他______
否□</td></tr>
</table>

续表

被告	姓名：江×× 性别：男☑ 女□ 出生日期：1980年××月××日 民族：汉族 工作单位：××公司 职务： 职员 联系电话：××××× 住所地（户籍所在地）：河北省××市××区×××街道××小区×××号 经常居住地：北京市××区××街道×××小区×××号
诉讼请求和依据	
1. 解除婚姻关系	（具体主张）请求准予王××与江××离婚
2. 夫妻共同财产	无财产□ 有财产☑： （1）房屋明细：归属：原告☑/被告□/其他□（坐落于北京市丰台区××小区××号房屋一处）； （2）汽车明细：归属：原告□/被告☑/其他□（××牌，牌照号码京××××××小汽车一辆）； （3）存款明细：归属：原告□/被告□/其他☑（双方存款归各自所有）； （4）其他（按照上述样式列明） ……
3. 夫妻共同债务	无债务☑ 有债务□ （1）债务1：承担主体：原告□/被告□/其他□（ ）； （2）债务2：承担主体：原告□/被告□/其他□（ ）； ……
4. 子女直接抚养	无此问题□ 有此问题☑ 子女1：江× 归属：原告☑/被告□ 子女2： 归属：原告□/被告□ ……
5. 子女抚养费	无此问题□ 有此问题☑ 抚养费承担主体：原告□/被告☑ 金额及明细：每月2000元抚养费 支付方式：按月向王××转账

续表

6. 探望权	无此问题□ 有此问题☑ 探望权行使主体：原告□/被告☑ 行使方式：江××每两周探望江×一次，时间、地点可由双方协商
7. 离婚损害赔偿/离婚经济补偿/离婚经济帮助	无此问题□ 离婚损害赔偿☑ 金额：50000 元 离婚经济补偿□ 金额： 离婚经济帮助□ 金额：
8. 诉讼费用	（金额明细）全部诉讼费用由被告承担
9. 本表未列明的其他请求	
约定管辖和诉讼保全	
1. 有无仲裁、法院管辖约定	有□　合同条款及内容： 无□
2. 是否申请财产保全措施	已经诉前保全：是□　保全法院：　保全时间： 否□ 申请诉讼保全：是□ 否□
事实和理由	
1. 婚姻关系基本情况	结婚时间：2016 年××月××日 生育子女情况：2019 年××月××日生育女儿江× 双方生活情况：已经分居 1 年 离婚事由：江××对王××实施家庭暴力存在重大过错，双方感情确已破裂 之前有无提起过离婚诉讼：无
2. 夫妻共同财产情况	王××除与江××婚后共同购买的位于北京市丰台区××小区××号房屋外，无其他房屋居住，需要稳定的生活环境抚养女儿。被告江××另有住房，位于北京市朝阳区×小区××号
3. 夫妻共同债务情况	无

续表

4. 子女直接抚养情况	女儿江×年幼，自出生一直由王××照顾，江××存在实施家庭暴力行为，不利于江×的健康成长
5. 子女抚养费情况	根据江×入学、医疗、生活等方面的日常支出情况，原、被告各自承担抚养费的一半，由被告承担2000元/月
6. 子女探望权情况	从利于孩子成长的角度考虑，江××每两周探望江×一次，时间、地点可由双方协商
7. 赔偿/补偿/经济帮助情况	江××酗酒，对王××实施家庭暴力，经常因为生活琐事对原告拳脚相加，有公安机关报警记录、王××就医记录、向妇联报案记录等证实。符合离婚损害赔偿的情形
8. 其他	无
9. 诉请依据	解除婚姻关系：《中华人民共和国民法典》第1079条 子女直接抚养以及抚养费：《中华人民共和国民法典》第1084条、第1085条、第1086条 夫妻共同财产处理：《中华人民共和国民法典》第1087条 离婚损害赔偿：《中华人民共和国民法典》第1091条
10. 证据清单（可另附页）	附页

具状人（签字、盖章）：王××

日期：2024年××月××日

民事答辩状
（离婚纠纷）

<table>
<tr><td colspan="4">说明：
为了方便您更好地参加诉讼，保护您的合法权利，请填写本表。
1. 应诉时需向人民法院提交证明您身份的材料，如身份证复印件、营业执照复印件等。
2. 本表所列内容是您参加诉讼以及人民法院查明案件事实所需，请务必如实填写。
3. 本表所涉内容系针对一般离婚纠纷案件，有些内容可能与您的案件无关，您认为与案件无关的项目可以填“无”或不填；对于本表中勾选项可以在对应项打“√”；您认为另有重要内容需要列明的，可以在本表尾部或者另附页填写。
★特别提示★
《中华人民共和国民事诉讼法》第十三条第一款规定：“民事诉讼应当遵循诚信原则。”
如果诉讼参加人违反上述规定，进行虚假诉讼、恶意诉讼，人民法院将视违法情形依法追究责任。</td></tr>
<tr><td>案号</td><td>（2024）京××××民初××号</td><td>案由</td><td>离婚纠纷</td></tr>
<tr><td colspan="4">当事人信息</td></tr>
<tr><td>答辩人</td><td colspan="3">姓名：江××
性别：男☑女☐
出生日期：1980 年××月××日
民族：汉族
工作单位：××公司　　职务：　　职员　　　联系电话：×××××
住所地（户籍所在地）：河北省××市××区×××街道××小区×××号
经常居住地：北京市××区××街道×××小区×××号</td></tr>
<tr><td>委托诉讼代理人</td><td colspan="3">有☑
姓名：李××
单位：××律师事务所　职务：律师　　联系电话：×××××
代理权限：一般授权☐　特别授权☑
无☐</td></tr>
<tr><td>送达地址（所填信息除书面特别声明更改外，适用于案件所有后续程序）及收件人、电话</td><td colspan="3">地址：北京市××区××街道×××小区×××号
收件人：江××
电话：×××××</td></tr>
<tr><td>是否接受电子送达</td><td colspan="3">是☐　方式：短信______　微信______　传真______　邮箱______
其他______
否☑</td></tr>
</table>

续表

答辩事项和依据 （对原告诉讼请求的确认或者异议）	
1. 对解除婚姻关系的确认和异议	确认☑ 异议□ 事由：
2. 对夫妻共同财产诉请的确认和异议	确认□ 异议☑ 事由：北京市丰台区××小区××号房屋是双方婚后共同购买，登记在双方名下，应当均分。其他同意原告诉请
3. 对夫妻共同债务诉请的确认和异议	确认☑ 异议□ 事由：
4. 对子女直接抚养诉请的确认和异议	确认☑ 异议□ 事由：同意江×由王××直接抚养
5. 对子女抚养费诉请的确认和异议	确认□ 异议☑ 事由：王××提出的抚养费数额不实，应当调整为每月 1500 元，按月支付
6. 对子女探望权诉请的确认和异议	确认☑ 异议□ 事由：
7. 赔偿/补偿/经济帮助情况的确认和异议	确认□ 异议☑ 事由：王××关于家庭暴力的陈述不实
8. 其他事由	无
9. 答辩的依据	解除婚姻关系：《中华人民共和国民法典》第 1079 条 子女直接抚养以及抚养费：《中华人民共和国民法典》第 1084 条、第 1085 条、第 1086 条 夫妻共同财产处理：《中华人民共和国民法典》第 1087 条 离婚损害赔偿：《中华人民共和国民法典》第 1091 条
10. 证据清单（可另附页）	附页

答辩人（签字、盖章）：江××

日期：2024 年××月××日

民事起诉状
（买卖合同纠纷）

<table>
<tr><td colspan="2">

说明：

为了方便您更好地参加诉讼，保护您的合法权利，请填写本表。

1. 起诉时需向人民法院提交证明您身份的材料，如身份证复印件、营业执照复印件等。

2. 本表所列内容是您提起诉讼以及人民法院查明案件事实所需，请务必如实填写。

3. 本表所涉内容系针对一般买卖合同纠纷案件，有些内容可能与您的案件无关，您认为与案件无关的项目可以填“无”或不填；对于本表中勾选项可以在对应项打“√”；您认为另有重要内容需要列明的，可以在本表尾部或者另附页填写。

★特别提示★

《中华人民共和国民事诉讼法》第十三条第一款规定：“民事诉讼应当遵循诚信原则。”

如果诉讼参加人违反上述规定，进行虚假诉讼、恶意诉讼，人民法院将视违法情形依法追究责任。

</td></tr>
<tr><td colspan="2">当事人信息</td></tr>
<tr><td>原告（法人、非法人组织）</td><td>名称：
住所地（主要办事机构所在地）：
注册地/登记地：
法定代表人/主要负责人：　　职务：　　联系电话：
统一社会信用代码：
类型：有限责任公司□　股份有限公司□　上市公司□　其他企业法人□
事业单位□　社会团体□　基金会□　社会服务机构□
机关法人□　农村集体经济组织法人□　城镇农村的合作经济组织法人□　基层群众性自治组织法人□
个人独资企业□　合伙企业□　不具有法人资格的专业服务机构□
国有□（控股□参股□）民营□</td></tr>
<tr><td>原告（自然人）</td><td>姓名：
性别：男□　女□
出生日期：　　年　　月　　日　　民族：
工作单位：　　职务：　　联系电话：
住所地（户籍所在地）：
经常居住地：</td></tr>
</table>

续表

委托诉讼代理人	有□ 姓名： 单位： 职务： 联系电话： 代理权限：一般授权□ 特别授权□ 无□
送达地址（所填信息除书面特别声明更改外，适用于案件一审、二审、再审所有后续程序）及收件人、电话	地址： 收件人： 电话：
是否接受电子送达	是□ 方式：短信______ 微信______ 传真______ 邮箱______ 其他______ 否□
被告（法人、非法人组织）	名称： 住所地（主要办事机构所在地）： 注册地/登记地： 法定代表人/主要负责人： 职务： 联系电话： 统一社会信用代码： 类型：有限责任公司□ 股份有限公司□ 上市公司□ 其他企业法人□ 事业单位□ 社会团体□ 基金会□ 社会服务机构□ 机关法人□ 农村集体经济组织法人□ 城镇农村的合作经济组织法人□ 基层群众性自治组织法人□ 个人独资企业□ 合伙企业□ 不具有法人资格的专业服务机构□ 国有□（控股□参股□）民营□
被告（自然人）	姓名： 性别：男□ 女□ 出生日期： 年 月 日 民族： 工作单位： 职务： 联系电话： 住所地（户籍所在地）： 经常居住地：

续表

<table>
<tr><td>第三人（法人、非法人组织）</td><td>名称：
住所地（主要办事机构所在地）：
注册地/登记地：
法定代表人/主要负责人：　　　职务：　　　联系电话：
统一社会信用代码：
类型：有限责任公司□　股份有限公司□　上市公司□　其他企业法人□
事业单位□　社会团体□　基金会□　社会服务机构□
机关法人□　农村集体经济组织法人□　城镇农村的合作经济组织法人□　基层群众性自治组织法人□
个人独资企业□　合伙企业□　不具有法人资格的专业服务机构□
国有□（控股□参股□）民营□</td></tr>
<tr><td>第三人（自然人）</td><td>姓名：
性别：男□　女□
出生日期：　　年　　月　　日　　民族：
工作单位：　　　职务：　　　联系电话：
住所地（户籍所在地）：
经常居住地：</td></tr>
<tr><td colspan="2">诉讼请求和依据
（原告为卖方时，填写第 1 项、第 2 项；原告为买方时，填写第 3 项、第 4 项；第 5 项至第 10 项为共同项）</td></tr>
<tr><td>1. 给付价款（元）</td><td>　　元（人民币，下同；如外币需特别注明）</td></tr>
<tr><td>2. 迟延给付价款的利息（违约金）</td><td>截至　　年　　月　　日止，迟延给付价款的利息　　元、违约金　　元，自　　之后的逾期利息、违约金，以　　元为基数按照　　标准计算；
计算方式：
是否请求支付至实际清偿之日止：是□　否□</td></tr>
<tr><td>3. 赔偿因卖方违约所受的损失</td><td>支付赔偿金　　元
违约类型：迟延履行□　不履行□　其他□
具体情形：
损失计算依据：</td></tr>
<tr><td>4. 是否对标的物的瑕疵承担责任</td><td>是□　修理□　重作□　更换□　退货□　减少价款或者报酬□　其他□：
否□</td></tr>
</table>

续表

5. 要求继续履行或是解除合同	继续履行□ ____日内履行完毕付款□供货□义务 判令解除合同□ 确认买卖合同已于 年 月 日解除□
6. 是否主张担保权利	是□ 内容： 否□
7. 是否主张实现债权的费用	是□ 费用明细： 否□
8. 其他请求	
9. 标的总额	
10. 请求依据	合同约定： 法律规定：
约定管辖和诉讼保全	
1. 有无仲裁、法院管辖约定	有□ 合同条款及内容： 无□
2. 是否申请财产保全措施	已经诉前保全：是□ 保全法院： 保全时间： 否□ 申请诉讼保全：是□ 否□
事实与理由	
1. 合同的签订情况（名称、编号、签订时间、地点等）	
2. 签订主体	出卖人（卖方）： 买受人（买方）：
3. 买卖标的物情况（标的物名称、规格、质量、数量等）	
4. 合同约定的价格及支付方式	单价 元；总价 元； 以现金□转账□票据□______（写明票据类型）其他□______方式一次性□分期□支付 分期方式：

续表

5. 合同约定的交货时间、地点、方式、风险承担、安装、调试、验收	
6. 合同约定的质量标准及检验方式、质量异议期限	
7. 合同约定的违约金（定金）	违约金□　　元（合同条款：第　条） 定金□　　元（合同条款：第　条） 迟延履行违约金□　%/日（合同条款：第　条）
8. 价款支付及标的物交付情况	按期支付价款　　元，逾期付款　　元，逾期未付款　　元 按期交付标的物　　件，逾期交付　　件，逾期未交付　　件
9. 是否存在迟延履行	是□　迟延时间：　　　逾期付款□　逾期交货□ 否□
10. 是否催促过履行	是□　催促情况：　　　年　　月　　日通过　　　　方式进行了催促 否□
11. 买卖合同标的物有无质量争议	有□　具体情况： 无□
12. 标的物质量规格或履行方式是否存在不符合约定的情况	是□　具体情况： 否□
13. 是否曾就标的物质量问题进行协商	是□　具体情况： 否□
14. 被告应当支付的利息、违约金、赔偿金	利息□　　元 违约金□　　元 赔偿金□　　元 共计　　　元　　计算方式：
15. 是否签订物的担保（抵押、质押）合同	是□　签订时间： 否□
16. 担保人、担保物	担保人： 担保物：
17. 是否最高额担保（抵押、质押）	是□　担保债权的确定时间： 　　　担保额度： 否□

续表

18. 是否办理抵押、质押登记	是□　正式登记□ 　　　预告登记□ 否□
19. 是否签订保证合同	是□　签订时间：　　　保证人：　　　主要内容： 否□
20. 保证方式	一般保证　　□ 连带责任保证□
21. 其他担保方式	是□　形式： 否□
22. 其他需要说明的内容（可另附页）	
23. 证据清单（可另附页）	

具状人（签字、盖章）：

日期：

民事答辩状
（买卖合同纠纷）

<table>
<tr><td colspan="4">说明：
为了方便您更好地参加诉讼，保护您的合法权利，请填写本表。
1. 应诉时需向人民法院提交证明您身份的材料，如身份证复印件、营业执照复印件等。
2. 本表所列内容是您参加诉讼以及人民法院查明案件事实所需，请务必如实填写。
3. 本表所涉内容系针对一般买卖合同纠纷案件，有些内容可能与您的案件无关，您认为与案件无关的项目可以填“无”或不填；对于本表中勾选项可以在对应项打“√”您认为另有重要内容需要列明的，可以在本表尾部或者另附页填写。
★特别提示★
《中华人民共和国民事诉讼法》第十三条第一款规定：“民事诉讼应当遵循诚信原则。”
如果诉讼参加人违反上述规定，进行虚假诉讼、恶意诉讼，人民法院将视违法情形依法追究责任。</td></tr>
<tr><td>案号</td><td></td><td>案由</td><td></td></tr>
<tr><td colspan="4">当事人信息</td></tr>
<tr><td>答辩人（法人、非法人组织）</td><td colspan="3">名称：
住所地（主要办事机构所在地）：
注册地/登记地：
法定代表人/主要负责人：　　职务：　　联系电话：
统一社会信用代码：
类型：有限责任公司□　股份有限公司□　上市公司□　其他企业法人□
事业单位□　社会团体□　基金会□　社会服务机构□
机关法人□　农村集体经济组织法人□　城镇农村的合作经济组织法人□　基层群众性自治组织法人□
个人独资企业□　合伙企业□　不具有法人资格的专业服务机构□
国有□（控股□参股□）民营□</td></tr>
<tr><td>答辩人（自然人）</td><td colspan="3">姓名：
性别：男□　女□
出生日期：　　年　　月　　日　　民族：
工作单位：　　职务：　　联系电话：
住所地（户籍所在地）：
经常居住地：</td></tr>
</table>

续表

<table>
<tr><td>委托诉讼代理人</td><td>有□
姓名：
单位：　　　　职务：　　　　联系电话：
代理权限：一般授权□　特别授权□
无□</td></tr>
<tr><td>送达地址（所填信息除书面特别声明更改外，适用于案件一审、二审、再审所有后续程序）及收件人、电话</td><td>地址：
收件人：
电话：</td></tr>
<tr><td>是否接受电子送达</td><td>是□　方式：短信______　微信______　传真______　邮箱______
其他______
否□</td></tr>
<tr><td colspan="2">答辩事项
（对原告诉讼请求的确认或者异议）</td></tr>
<tr><td>1. 对给付价款的诉请有无异议</td><td>无□
有□　事实和理由：</td></tr>
<tr><td>2. 对迟延给付价款的利息（违约金）有无异议</td><td>无□
有□　事实和理由：</td></tr>
<tr><td>3. 对要求继续履行或是解除合同有无异议</td><td>无□
有□　事实和理由：</td></tr>
<tr><td>4. 对赔偿因违约所受的损失有无异议</td><td>无□
有□　事实和理由：</td></tr>
<tr><td>5. 对就标的物的瑕疵承担责任有无异议</td><td>无□
有□　事实和理由：</td></tr>
<tr><td>6. 对担保权利的诉请有无异议</td><td>无□
有□　事实和理由：</td></tr>
<tr><td>7. 对实现债权的费用有无异议</td><td>无□
有□　事实和理由：</td></tr>
<tr><td>8. 对其他请求有无异议</td><td>无□
有□　事实和理由：</td></tr>
<tr><td>9. 对标的总额有无异议</td><td>无□
有□　事实和理由：</td></tr>
</table>

续表

10. 答辩依据	合同约定： 法律规定：
事实和理由 （对起诉状事实与理由的确认或者异议）	
1. 对合同签订情况（名称、编号、签订时间、地点）有无异议	无□ 有□　事实和理由：
2. 对签订主体有无异议	无□ 有□　事实和理由：
3. 对标的物情况有无异议	无□ 有□　事实和理由：
4. 对合同约定的价格及支付方式有无异议	无□ 有□　事实和理由：
5. 对合同约定的交货时间、地点、方式、风险承担、安装、调试、验收有无异议	无□ 有□　事实和理由：
6. 对合同约定的质量标准及检验方式、质量异议期限有无异议	无□ 有□　事实和理由：
7. 对合同约定的违约金（定金）有无异议	无□ 有□　事实和理由：
8. 对价款支付及标的物交付情况有无异议	无□ 有□　事实和理由：
9. 对是否存在迟延履行有无异议	无□ 有□　事实和理由：
10. 对是否催促过履行有无异议	无□ 有□　事实和理由：
11. 对买卖合同标的物有无质量争议有无异议	无□ 有□　事实和理由：
12. 对标的物质量规格或履行方式是否存在不符合约定的情况有无异议	无□ 有□　事实和理由：

续表

13. 对是否曾就标的物质量问题进行协商有无异议	无□ 有□　事实和理由：
14. 对应当支付的利息、违约金、赔偿金有无异议	无□ 有□　事实和理由：
15. 对是否签订物的担保合同有无异议	无□ 有□　事实和理由：
16. 对担保人、担保物有无异议	无□ 有□　事实和理由：
17. 对最高额抵押担保有无异议	无□ 有□　事实和理由：
18. 对是否办理抵押/质押登记有无异议	无□ 有□　事实和理由：
19. 对是否签订保证合同有无异议	无□ 有□　事实和理由：
20. 对保证方式有无异议	无□ 有□　事实和理由：
21. 对其他担保方式有无异议	无□ 有□　事实和理由：
22. 有无其他免责/减责事由	无□ 有□　事实和理由：
23. 其他需要说明的内容（可另附页）	
24. 证据清单（可另附页）	

答辩人（签字、盖章）：

日期：

实例：

民事起诉状
（买卖合同纠纷）

<table>
<tr><td colspan="2">

说明：

为了方便您更好地参加诉讼，保护您的合法权利，请填写本表。

1. 起诉时需向人民法院提交证明您身份的材料，如身份证复印件、营业执照复印件等。

2. 本表所列内容是您提起诉讼以及人民法院查明案件事实所需，请务必如实填写。

3. 本表所涉内容系针对一般买卖合同纠纷案件，有些内容可能与您的案件无关，您认为与案件无关的项目可以填“无”或不填；对于本表中勾选项可以在对应项打“√”；您认为另有重要内容需要列明的，可以在本表尾部或者另附页填写。

★特别提示★

《中华人民共和国民事诉讼法》第十三条第一款规定：“民事诉讼应当遵循诚信原则。”

如果诉讼参加人违反上述规定，进行虚假诉讼、恶意诉讼，人民法院将视违法情形依法追究责任。

</td></tr>
<tr><td colspan="2">当事人信息</td></tr>
<tr><td>原告（法人、非法人组织）</td><td>名称：南通××混凝土有限公司
住所地（主要办事机构所在地）：南通市通州区川××镇××号
注册地/登记地：南通市通州区××镇××号
法定代表人/主要负责人：陈××　职务：执行董事
联系电话：××××××××××
统一社会信用代码：911×××××××××××
类型：有限责任公司☑　股份有限公司□　上市公司□　其他企业法人□
事业单位□　社会团体□　基金会□　社会服务机构□
机关法人□　农村集体经济组织法人□　城镇农村的合作经济组织法人□　基层群众性自治组织法人□
个人独资企业□　合伙企业□　不具有法人资格的专业服务机构□
国有□（控股□参股□）民营☑</td></tr>
<tr><td>原告（自然人）</td><td>姓名：
性别：男□　女□
出生日期：　　年　　月　　日　　民族：
工作单位：　　　职务：　　　联系电话：
住所地（户籍所在地）：
经常居住地：</td></tr>
</table>

续表

<table>
<tr><td>委托诉讼代理人</td><td>有☑
姓名：袁××
单位：江苏××律师事务所　职务：律师
联系电话：××××××××××
代理权限：一般授权□　特别授权☑
无□</td></tr>
<tr><td>送达地址（所填信息除书面特别声明更改外，适用于案件一审、二审、再审所有后续程序）及收件人、联系电话</td><td>地址：江苏省南通市××区××路××号江苏××律师事务所
收件人：袁××
联系电话：××××××××××</td></tr>
<tr><td>是否接受电子送达</td><td>是☑　方式：短信139×××××× 微信139×××××× 传真______
邮箱×××@ QQ. COM 其他______
否□</td></tr>
<tr><td>被告（法人、非法人组织）</td><td>名称：上海××集团建筑工程有限公司
住所地（主要办事机构所在地）：上海市宝山区××路××幢××号
注册地/登记地：上海市宝山区××路××幢××号
法定代表人/主要负责人：黄××　职务：执行董事
联系电话：××××××××××
统一社会信用代码：911××××××××××
类型：有限责任公司☑　股份有限公司□　上市公司□　其他企业法人□
事业单位□　社会团体□　基金会□　社会服务机构□
机关法人□　农村集体经济组织法人□　城镇农村的合作经济组织法人□　基层群众性自治组织法人□
个人独资企业□　合伙企业□　不具有法人资格的专业服务机构□
国有☑（控股☑ 参股□）民营□</td></tr>
<tr><td>被告（自然人）</td><td>姓名：
性别：男□　女□
出生日期：　　年　　月　　日　　民族：
工作单位：　　职务：　　联系电话：
住所地（户籍所在地）：
经常居住地：</td></tr>
</table>

续表

第三人（法人、非法人组织）	名称： 住所地（主要办事机构所在地）： 注册地/登记地： 法定代表人/主要负责人： 职务： 联系电话： 统一社会信用代码： 类型：有限责任公司□ 股份有限公司□ 上市公司□ 其他企业法人□ 事业单位□ 社会团体□ 基金会□ 社会服务机构□ 机关法人□ 农村集体经济组织法人□ 城镇农村的合作经济组织法人□ 基层群众性自治组织法人□ 个人独资企业□ 合伙企业□ 不具有法人资格的专业服务机构□ 国有□（控股□参股□）民营□
第三人（自然人）	姓名： 性别：男□ 女□ 出生日期： 年 月 日 民族： 工作单位： 职务： 联系电话： 住所地（户籍所在地）： 经常居住地：
诉讼请求和依据 **（原告为卖方时，填写第 1 项、第 2 项；原告为买方时，填写第 3 项、第 4 项；第 5 项至第 10 项为共同填写项）**	
1. 给付价款（元）	2395801.28 元（人民币，下同；如外币需特别注明）
2. 迟延给付价款的利息（违约金）	以 2395801.28 元为基数，自 2020 年 6 月 8 日起按照年利率 6%标准计算；是否请求支付至实际清偿之日止：是☑ 否□
3. 赔偿因卖方违约所受的损失	支付赔偿金 元 违约类型：迟延履行□ 不履行□ 其他□ 具体情形： 损失计算依据：
4. 是否对标的物的瑕疵承担责任	是□ 修理□重作□ 更换□ 退货□ 减少价款或者报酬□ 其他□： 否□

续表

5. 要求继续履行或是解除合同	继续履行□____日内履行完毕付款□供货□义务 判令解除买卖合同☑ 确认买卖合同已于　　年　　月　　日解除□
6. 是否主张担保权利	是□　内容： 否☑
7. 是否主张实现债权的费用	是☑　费用明细：律师费 100000 元 否□
8. 其他请求	
9. 标的总额	2558026.47（暂计至 2020 年 11 月 16 日起诉时）
10. 请求依据	合同约定：《南通××项目商品混凝土买卖合同》第六条 法律规定：《中华人民共和国民法典》第五百六十二条、五百六十三条、五百六十六条、第六百二十六条、第六百二十八条
约定管辖和诉讼保全	
1. 有无仲裁、法院管辖约定	有□　（合同条款：第　款） 无☑
2. 是否申请财产保全措施	已经诉前保全：是□　　保全法院：　　保全时间： 否☑ 申请诉讼保全：是□ 否☑
事实和理由	
1. 合同的签订情况（名称、编号、签订时间、地点等）	2019 年 9 月 16 日签订《南通××项目商品混凝土买卖合同》
2. 签订主体	出卖人（卖方）：南通××混凝土有限公司 买受人（买方）：上海××集团建筑工程有限公司
3. 买卖标的物情况（标的物名称、规格、质量、数量等）	GB×××混凝土×××吨
4. 合同约定的价格及支付方式	单价　　元；总价　　元；币种： 以现金☑　转账☑　票据□______（写明票据类型）其他□______方式一次性□　分期☑　支付 分期方式：每月最后一日根据实际使用数量结账

续表

5. 合同约定的交货时间、地点、方式、风险承担、安装、调试、验收	由卖方负责将混凝土运送至指定交付地点
6. 合同约定的质量标准及检验方式、质量异议期限	混凝土应符合 GB×××标准，质量异议期为收货后 15 日
7. 合同约定的违约金（定金）	定金□ 元（合同条款：第 条） 违约金□ 元（合同条款：第 条） 迟延履行违约金☑ 银行同期活期存款利率%/日（合同条款：第六条）
8. 价款支付及标的物交付情况	支付价款：6950000 元，逾期付款 元，逾期未付款 2395801. 28 元 交付标的物：已交付金额为 9345801. 28 元的混凝土；逾期交付 件，逾期未交付 件
9. 是否存在迟延履行	是☑ 迟延时间： 逾期付款☑ 逾期交货□ 否□
10. 是否催促过履行	是☑ 催促情况：2020 年 3 月 24 日、2020 年 5 月 13 日，先后通过发送催款函件方式进行了催促 否□
11. 买卖合同标的物有无质量争议	有□ 具体情况： 无☑
12. 标的物质量规格或履行方式是否存在不符合约定的情况	是□ 具体情况： 否☑
13. 是否曾就标的物质量问题进行协商	是□ 具体情况： 否☑
14. 被告应当支付的利息、违约金、赔偿金	利息☑62225. 19 元 违约金□ 元 赔偿金□ 元 共计 62225. 19 元（暂计至 2020 年 11 月 16 日起诉时） 计算方式：利息：2395801. 28 元 * 0. 06/365 * 158 日 = 62225. 19 元
15. 是否签订物的担保（抵押、质押）合同	是□ 签订时间： 否☑
16. 担保人、担保物	担保人： 担保物：

续表

17. 是否最高额担保（抵押、质押）	是□　担保债权的确定时间： 　　　担保额度： 否☑
18. 是否办理抵押、质押登记	是□　正式登记□ 　　　预告登记□ 否☑
19. 是否签订保证合同	是□　签订时间：　　　保证人： 　　　主要内容： 否☑
20. 保证方式	一般保证　　□ 连带责任保证□
21. 其他担保方式	是□　形式：　　　签订时间： 否☑
22. 其他需要说明的内容（可另附页）	
23. 证据清单（可另附页）	后附证据清单

具状人（签字、盖章）：

南通××混凝土有限公司　陈××

日期：2020 年 7 月 15 日

民事答辩状
（买卖合同纠纷）

<table>
<tr><td colspan="4">

说明：

为了方便您更好地参加诉讼，保护您的合法权利，请填写本表。

1. 应诉时需向人民法院提交证明您身份的材料，如身份证复印件、营业执照复印件等。

2. 本表所列内容是您参加诉讼以及人民法院查明案件事实所需，请务必如实填写。

3. 本表所涉内容系针对一般买卖合同纠纷案件，有些内容可能与您的案件无关，您认为与案件无关的项目可以填“无”或不填；对于本表中勾选项可以在对应项打“√”；您认为另有重要内容需要列明的，可以在本表尾部或者另附页填写。

★特别提示★

《中华人民共和国民事诉讼法》第十三条第一款规定：“民事诉讼应当遵循诚信原则。”

如果诉讼参加人违反上述规定，进行虚假诉讼、恶意诉讼，人民法院将视违法情形依法追究责任。

</td></tr>
<tr><td>案号</td><td>（2023）沪 0×民初××号</td><td>案由</td><td>买卖合同纠纷</td></tr>
<tr><td colspan="4">当事人信息</td></tr>
<tr><td>答辩人（法人、非法人组织）</td><td colspan="3">名称：上海××集团建筑工程有限公司
住所地（主要办事机构所在地）：上海市宝山区××路××幢××号
注册地/登记地：上海市宝山区××路××幢××号
法定代表人/主要负责人：黄×× 职务：执行董事
联系电话：×××××××××
统一社会信用代码：911××××××××××××××××
类型：有限责任公司☑ 股份有限公司□ 上市公司□ 其他企业法人□
事业单位□ 社会团体□ 基金会□ 社会服务机构□
机关法人□ 农村集体经济组织法人□ 城镇农村的合作经济组织法人□ 基层群众性自治组织法人□
个人独资企业□ 合伙企业□ 不具有法人资格的专业服务机构□
国有☑（控股□参股☑） 民营□</td></tr>
<tr><td>答辩人（自然人）</td><td colspan="3">姓名：
性别：男□ 女□
出生日期： 年 月 日 民族：
工作单位： 职务： 联系电话：
住所地（户籍所在地）：
经常居住地：</td></tr>
</table>

续表

委托诉讼代理人	有☑ 姓名：王×× 单位：上海××集团建筑工程有限公司　职务：员工 联系电话：××××××××× 代理权限：一般授权☑　特别授权□ 无□
送达地址（所填信息除书面特别声明更改外，适用于案件一审、二审、再审所有后续程序）及收件人、联系电话	地址：上海市宝山区××路××幢××号 收件人：王×× 联系电话：×××××××××
是否接受电子送达	是☑　方式：短信______　微信______　传真______ 邮箱×××@ QQ. COM 其他______ 否□
答辩事项 **（对原告诉讼请求的确认或者异议）**	
1. 对给付价款的诉请有无异议	无□ 有☑　事实和理由：案涉工程至今尚未结束，原告诉请要求答辩人支付全部合同款项的要求无合同依据，也没有法律依据
2. 对迟延给付价款的利息（违约金）有无异议	无□ 有☑　事实和理由：原告诉请按照年利率6%的标准支付逾期付款利息的标准过高，根据双方的合同约定，应当以中国人民银行同期活期存款利率来计算，原告的诉请有违双方当事人的意思表示
3. 对要求继续履行或是解除合同有无异议	无□ 有☑　事实和理由：答辩人已经支付了全部货款的74. 36%，基本履行了合同义务，且剩余的526641. 02元也准备马上支付，不属于合同法规定的迟延履行主要给付义务，亦不属于根本违约，不符合合同解除的条件
4. 对赔偿因违约所受的损失有无异议	无□ 有☑　事实和理由：原告诉请按照年利率6%的标准支付逾期付款利息的标准过高，根据双方的合同约定，应当以中国人民银行同期活期存款利率来计算

续表

5. 对就标的物的瑕疵承担责任有无异议	无☐ 有☐　事实和理由：
6. 对担保权利的诉请有无异议	无☐ 有☐　事实和理由：
7. 对实现债权的费用有无异议	无☐ 有☑　事实和理由：原告无证据证明其实际支付了 100000 元律师费，该主张无事实依据
8. 对其他请求有无异议	无☐ 有☐　事实和理由：
9. 对标的总额有无异议	无☐ 有☑　事实和理由：同意支付原告 526641.02 元，不同意原告的其余诉讼请求
10. 答辩依据	合同约定：《南通××项目商品混凝土买卖合同》第四条、第九条 法律规定：《中华人民共和国民法典》第四百六十五条
事实与理由 （对起诉状事实与理由的确认或者异议）	
1. 对合同签订情况（名称、编号、签订时间、地点）有无异议	无☑ 有☐　事实和理由：
2. 对签订主体有无异议	无☑ 有☐　事实和理由：
3. 对标的物情况有无异议	无☑ 有☐　事实和理由：
4. 对合同约定的价格及支付方式有无异议	无☑ 有☐　事实和理由：
5. 对合同约定的交货时间、地点、方式、风险承担、安装、调试、验收有无异议	无☑ 有☐　事实和理由：
6. 对合同约定的质量标准及检验方式、质量异议期限有无异议	无☑ 有☐　事实和理由：

续表

7. 对合同约定的违约金（定金）有无异议	无□ 有☑ 事实和理由：答辩人已经向原告支付了相应的货款，并未构成违约
8. 对价款支付及标的物交付情况有无异议	无☑ 有□ 事实和理由：
9. 对是否存在迟延履行有无异议	无□ 有☑ 事实和理由：被告未迟延履行支付价款义务
10. 对是否催促过履行有无异议	无☑ 有□ 事实和理由：
11. 对买卖合同标的物有无质量争议有无异议	无☑ 有□ 事实和理由：
12. 对标的物质量规格或履行方式是否存在不符合约定的情况有无异议	无☑ 有□ 事实和理由：
13. 对是否曾就标的物质量问题进行协商有无异议	无☑ 有□ 事实和理由：
14. 对应当支付的利息、违约金、赔偿金有无异议	无□ 有☑ 事实和理由：合同尚在履行期限内，被告不够成违约；且原告主张的逾期利率过高，不符合合同约定
15. 对是否签订物的担保合同有无异议	无□ 有□ 事实和理由：
16. 对担保人、担保物有无异议	无□ 有□ 事实和理由：
17. 对最高额抵押担保有无异议	无□ 有□ 事实和理由：
18. 对是否办理抵押/质押登记有无异议	无□ 有□ 事实和理由：
19. 对是否签订保证合同有无异议	无□ 有□ 事实和理由：
20. 对保证方式有无异议	无□ 有□ 事实和理由：

续表

21. 对其他担保方式有无异议	无□ 有□　事实和理由：
22. 有无其他免责/减责事由	无□ 有□　事实和理由：
23. 其他需要说明的内容（可另附页）	
24. 证据清单（可另附页）	

答辩人（签字、盖章）：

上海××集团建筑工程有限公司　黄××

日期：2020 年 7 月 6 日

民事起诉状
（金融借款合同纠纷）

说明：

为了方便您更好地参加诉讼，保护您的合法权利，请填写本表。

1. 起诉时需向人民法院提交证明您身份的材料，如身份证复印件、营业执照复印件等。

2. 本表所列内容是您提起诉讼以及人民法院查明案件事实所需，请务必如实填写。

3. 本表所涉内容系针对一般金融借款合同纠纷案件，有些内容可能与您的案件无关，您认为与案件无关的项目可以填“无”或不填；对于本表中勾选项可以在对应项打“√”；您认为另有重要内容需要列明的，可以在本表尾部或者另附页填写。

★特别提示★

《中华人民共和国民事诉讼法》第十三条第一款规定：“民事诉讼应当遵循诚信原则。”

如果诉讼参加人违反上述规定，进行虚假诉讼、恶意诉讼，人民法院将视违法情形依法追究责任。

当事人信息	
原告（法人、非法人组织）	名称： 住所地（主要办事机构所在地）： 注册地/登记地： 法定代表人/主要负责人：　　职务：　　联系电话： 统一社会信用代码： 类型：有限责任公司□　股份有限公司□　上市公司□　其他企业法人□ 事业单位□　社会团体□　基金会□　社会服务机构□ 机关法人□　农村集体经济组织法人□　城镇农村的合作经济组织法人□　基层群众性自治组织法人□ 个人独资企业□　合伙企业□　不具有法人资格的专业服务机构□ 国有□（控股□参股□）民营□
原告（自然人）	姓名： 性别：男□　女□ 出生日期：　　年　　月　　日　　民族： 工作单位：　　职务：　　联系电话： 住所地（户籍所在地）： 经常居住地：

续表

委托诉讼代理人	有□ 姓名： 单位：　　　　职务：　　　　联系电话： 代理权限：一般授权□　特别授权□ 无□
送达地址（所填信息除书面特别声明更改外，适用于案件一审、二审、再审所有后续程序）及收件人、电话	地址： 收件人： 电话：
是否接受电子送达	是□　方式：短信______ 微信______ 传真______ 邮箱______ 其他______ 否□
被告（法人、非法人组织）	名称： 住所地（主要办事机构所在地）： 注册地/登记地： 法定代表人/主要负责人：　　职务：　　联系电话： 统一社会信用代码： 类型：有限责任公司□　股份有限公司□　上市公司□　其他企业法人□ 事业单位□　社会团体□　基金会□　社会服务机构□ 机关法人□　农村集体经济组织法人□　城镇农村的合作经济组织法人□　基层群众性自治组织法人□ 个人独资企业□　合伙企业□　不具有法人资格的专业服务机构□ 国有□（控股□参股□）民营□
被告（自然人）	姓名： 性别：男□　女□ 出生日期：　　年　　月　　日　　民族： 工作单位：　　　职务：　　　联系电话： 住所地（户籍所在地）： 经常居住地：

续表

第三人（法人、非法人组织）	名称： 住所地（主要办事机构所在地）： 注册地/登记地： 法定代表人/主要负责人： 职务： 联系电话： 统一社会信用代码： 类型：有限责任公司□ 股份有限公司□ 上市公司□ 其他企业法人□ 事业单位□ 社会团体□ 基金会□ 社会服务机构□ 机关法人□ 农村集体经济组织法人□ 城镇农村的合作经济组织法人□ 基层群众性自治组织法人□ 个人独资企业□ 合伙企业□ 不具有法人资格的专业服务机构□ 国有□（控股□参股□）民营□
第三人（自然人）	姓名： 性别：男□ 女□ 出生日期： 年 月 日 民族： 工作单位： 职务： 联系电话： 住所地（户籍所在地）： 经常居住地：
诉讼请求和依据	
1. 本金	截至 年 月 日止，尚欠本金 元（人民币，下同；如外币需特别注明）
2. 利息（复利、罚息）	截至 年 月 日止，欠利息 元、复利 元、罚息（违约金） 元； 计算方式： 是否请求支付至实际清偿之日止：是□ 否□
3. 是否要求提前还款或解除合同	是□ 提前还款（加速到期）□/解除合同□ 否□
4. 是否主张担保权利	是□ 内容： 否□
5. 是否主张实现债权的费用	是□ 明细： 否□
6. 其他请求	
7. 标的总额	

续表

<table>
<tr><td>8. 请求依据</td><td>合同约定：
法律规定：</td></tr>
<tr><td colspan="2">约定管辖和诉讼保全</td></tr>
<tr><td>1. 有无仲裁、法院管辖约定</td><td>有□　合同条款及内容：
无□</td></tr>
<tr><td>2. 是否申请财产保全措施</td><td>已经诉前保全：是□　　保全法院：　　保全时间：
否□
申请诉讼保全：是□
否□</td></tr>
<tr><td colspan="2">事实和理由</td></tr>
<tr><td>1. 合同签订情况（名称、编号、签订时间、地点等）</td><td></td></tr>
<tr><td>2. 签订主体</td><td>贷款人：
借款人：</td></tr>
<tr><td>3. 借款金额</td><td>约定：
实际发放：</td></tr>
<tr><td>4. 借款期限</td><td>是否到期：是□　否□
约定期限：　　年　月　日起至　　年　月　日止</td></tr>
<tr><td>5. 借款利率</td><td>利率□　%/年（季/月）（合同条款：第　条）
逾期上浮□　%/年（合同条款：第　条）
复利□　（合同条款：第　条）
罚息（违约金）□　%/年（合同条款：第　条）</td></tr>
<tr><td>6. 借款发放时间</td><td>年　月　日，　　元。</td></tr>
<tr><td>7. 还款方式</td><td>等额本息□
等额本金□
到期一次性还本付息□
按月计息、到期一次性还本□
按季计息、到期一次性还本□
按年计息、到期一次性还本□
其他□</td></tr>
<tr><td>8. 还款情况</td><td>已还本金：　　元
已还利息：　　元，还息至　　年　月　日</td></tr>
</table>

续表

9. 是否存在逾期还款	是□　逾期时间：　　　至今已逾期 否□
10. 是否签订物的担保（抵押、质押）合同	是□　签订时间： 否□
11. 担保人、担保物	担保人： 担保物：
12. 是否最高额担保（抵押、质押）	是□ 否□ 担保债权的确定时间： 担保额度：
13. 是否办理抵押、质押登记	是□　正式登记□ 　　　预告登记□ 否□
14. 是否签订保证合同	是□　签订时间：　　保证人： 　　　主要内容： 否□
15. 保证方式	一般保证　　□ 连带责任保证□
16. 其他担保方式	是□　形式：　　　签订时间： 否□
17. 其他需要说明的内容（可另附页）	
18. 证据清单（可另附页）	

具状人（签字、盖章）：

日期：

民事答辩状
（金融借款合同纠纷）

<table>
<tr><td colspan="4">说明：
为了方便您更好地参加诉讼，保护您的合法权利，请填写本表。
1. 应诉时需向人民法院提交证明您身份的材料，如身份证复印件、营业执照复印件等。
2. 本表所列内容是您参加诉讼以及人民法院查明案件事实所需，请务必如实填写。
3. 本表所涉内容系针对一般金融借款合同纠纷案件，有些内容可能与您的案件无关，您认为与案件无关的项目可以填“无”或不填；对于本表中勾选项可以在对应项打“√”；您认为另有重要内容需要列明的，可以在本表尾部或者另附页填写。
★特别提示★
《中华人民共和国民事诉讼法》第十三条第一款规定：“民事诉讼应当遵循诚信原则。”
如果诉讼参加人违反上述规定，进行虚假诉讼、恶意诉讼，人民法院将视违法情形依法追究责任。</td></tr>
<tr><td>案号</td><td></td><td>案由</td><td></td></tr>
<tr><td colspan="4">当事人信息</td></tr>
<tr><td>答辩人（法人、非法人组织）</td><td colspan="3">名称：
住所地（主要办事机构所在地）：
注册地/登记地：
法定代表人/主要负责人：　　职务：　　联系电话：
统一社会信用代码：
类型：有限责任公司□　股份有限公司□　上市公司□　其他企业法人□
事业单位□　社会团体□　基金会□　社会服务机构□
机关法人□　农村集体经济组织法人□　城镇农村的合作经济组织法人□　基层群众性自治组织法人□
个人独资企业□　合伙企业□　不具有法人资格的专业服务机构□
国有□（控股□参股□）民营□</td></tr>
<tr><td>答辩人（自然人）</td><td colspan="3">姓名：
性别：男□　女□
出生日期：　　年　　月　　日　　民族：
工作单位：　　职务：　　联系电话：
住所地（户籍所在地）：
经常居住地：</td></tr>
</table>

续表

<table>
<tr><td>委托诉讼代理人</td><td>有□
姓名：
单位： 职务： 联系电话：
代理权限：一般授权□ 特别授权□
无□</td></tr>
<tr><td>送达地址（所填信息除书面特别声明更改外，适用于案件一审、二审、再审所有后续程序）及收件人、联系电话</td><td>地址：
收件人：
联系电话：</td></tr>
<tr><td>是否接受电子送达</td><td>是□ 方式：短信______ 微信______ 传真______ 邮箱______
其他______
否□</td></tr>
<tr><td colspan="2">答辩事项和依据
（对原告诉讼请求的确认或者异议）</td></tr>
<tr><td>1. 对本金有无异议</td><td>无□
有□ 事实和理由：</td></tr>
<tr><td>2. 对利息（复利、罚息）有无异议</td><td>无□
有□ 事实和理由：</td></tr>
<tr><td>3. 对提前还款或解除合同有无异议</td><td>无□
有□ 事实和理由：</td></tr>
<tr><td>4. 对担保权利诉请有无异议</td><td>无□
有□ 事实和理由：</td></tr>
<tr><td>5. 对实现债权的费用有无异议</td><td>无□
有□ 事实和理由：</td></tr>
<tr><td>6. 对其他请求有无异议</td><td>无□
有□ 事实和理由：</td></tr>
<tr><td>7. 对标的总额有无异议</td><td>无□
有□ 事实和理由：</td></tr>
<tr><td>8. 答辩依据</td><td>合同约定：
法律规定：</td></tr>
</table>

续表

事实和理由 （对起诉状事实和理由的确认或者异议）	
1. 对合同签订情况（名称、编号、签订时间、地点等）有无异议	无□ 有□　事实和理由：
2. 对签订主体有无异议	无□ 有□　事实和理由：
3. 对借款金额有无异议	无□ 有□　事实和理由：
4. 对借款期限有无异议	无□ 有□　事实和理由：
5. 对借款利率有无异议	无□ 有□　事实和理由：
6. 对借款发放时间有无异议	无□ 有□　事实和理由：
7. 对还款方式有无异议	无□ 有□　事实和理由：
8. 对还款情况有无异议	无□ 有□　事实和理由：
9. 对是否逾期还款有无异议	无□ 有□　事实和理由：
10. 对是否签订物的担保合同有无异议	无□ 有□　事实和理由：
11. 对担保人、担保物有无异议	无□ 有□　事实和理由：
12. 对最高额抵押担保有无异议	无□ 有□　事实和理由：
13. 对是否办理抵押/质押登记有无异议	无□ 有□　事实和理由：
14. 对是否签订保证合同有无异议	无□ 有□　事实和理由：

续表

15. 对保证方式有无异议	无□ 有□　事实和理由：
16. 对其他担保方式有无异议	无□ 有□　事实和理由：
17. 有无其他免责/减责事由	无□ 有□　事实和理由：
18. 其他需要说明的内容（可另附页）	无□ 有□　内容：
19. 证据清单（可另附页）	

答辩人（签字、盖章）：

日期：

实例：

民事起诉状
（金融借款合同纠纷）

<table>
<tr><td colspan="2">

说明：

为了方便您更好地参加诉讼，保护您的合法权利，请填写本表。

1. 起诉时需向人民法院提交证明您身份的材料，如身份证复印件、营业执照复印件等。

2. 本表所列内容是您提起诉讼以及人民法院查明案件事实所需，请务必如实填写。

3. 本表所涉内容系针对一般金融借款合同纠纷案件，有些内容可能与您的案件无关，您认为与案件无关的项目可以填“无”或不填；对于本表中勾选项可以在对应项打“√”；您认为另有重要内容需要列明的，可以在本表尾部或者另附页填写。

★特别提示★

《中华人民共和国民事诉讼法》第十三条第一款规定：“民事诉讼应当遵循诚信原则。”

如果诉讼参加人违反上述规定，进行虚假诉讼、恶意诉讼，人民法院将视违法情形依法追究责任。

</td></tr>
<tr><td colspan="2">

当事人信息

</td></tr>
<tr><td>原告（法人、非法人组织）</td><td>名称：浙江×××银行股份有限公司
住所地（主要办事机构所在地）：安吉县×××路1号
注册地/登记地：安吉县×××路1号
法定代表人/主要负责人：马××　职务：行长
联系电话：××××××××
统一社会信用代码：
类型：有限责任公司□　股份有限公司☑　上市公司□　其他企业法人□
事业单位□　社会团体□　基金会□　社会服务机构□
机关法人□　农村集体经济组织法人□　城镇农村的合作经济组织法人□　基层群众性自治组织法人□
个人独资企业□　合伙企业□　不具有法人资格的专业服务机构□
国有☑（控股☑参股□）民营□</td></tr>
<tr><td>委托诉讼代理人</td><td>有☑
姓名：李××
单位：浙江×××银行股份有限公司　职务：职员
联系电话：×××
代理权限：一般授权☑　特别授权□
无□</td></tr>
</table>

续表

送达地址（所填信息除书面特别声明更改外，适用于案件一审、二审、再审所有后续程序）及收件人、联系电话	地址：安吉县×××路1号 收件人：李×× 联系电话：××××××××
是否接受电子送达	是☑ 方式：短信______ 微信______ 传真______ 邮箱×××@QQ.COM 其他______ 否□
被告（法人、非法人组织）	名称：安吉××公司 住所地（主要办事机构所在地）：浙江省安吉县××街道××号 注册地/登记地： 法定代表人/主要负责人：杨×× 职务：总经理 联系电话：××××× 统一社会信用代码： 类型：有限责任公司☑ 股份有限公司□ 上市公司□ 其他企业法人□ 事业单位□ 社会团体□ 基金会□ 社会服务机构□ 机关法人□ 农村集体经济组织法人□ 城镇农村的合作经济组织法人□ 基层群众性自治组织法人□ 个人独资企业□ 合伙企业□ 不具有法人资格的专业服务机构□ 国有□（控股□参股□）民营☑
被告（自然人）	姓名：沈×× 性别：男□ 女☑ 出生日期：1955年5月25日 民族：汉族 工作单位：无 职务：无 联系电话：×××××××× 住所地（户籍所在地）：浙江省安吉县 经常居住地：浙江省安吉县××街道××社区×号

续表

第三人（法人、非法人组织）	名称： 住所地（主要办事机构所在地）： 注册地/登记地： 法定代表人/主要负责人：　　　职务：　　　联系电话： 统一社会信用代码： 类型：有限责任公司□　股份有限公司□　上市公司□　其他企业法人□ 事业单位□　社会团体□　基金会□　社会服务机构□ 机关法人□　农村集体经济组织法人□　城镇农村的合作经济组织法人□　基层群众性自治组织法人□ 个人独资企业□　合伙企业□　不具有法人资格的专业服务机构□ 国有□（控股□参股□）民营□
第三人（自然人）	姓名： 性别：男□　女□ 出生日期：　　年　　月　　日　　民族： 工作单位：　　　职务：　　　联系电话： 住所地（户籍所在地）： 经常居住地：
诉讼请求和依据	
1. 本金	截至2023年2月10日止，尚欠本金590065.94元（人民币，下同）；
2. 利息（复利、罚息）	截至2023年2月10日止，欠利息46261.85元、复利678.52元、罚息（违约金）31183.33元 是否请求支付至实际清偿之日止：是☑　否□
3. 是否要求提前还款或解除合同	是□　提前还款（加速到期）□/解除合同□ 否☑
4. 是否主张担保权利	是☑　内容：（写明担保人、担保范围、担保金额、担保类型等）沈××履行保证责任归还担保本金590065.94元及利息、罚息、复息（暂计至2023年2月10日为46261.85元，自2023年2月11日起以未还本金为基数按年利率6%加收50%计收罚息，对欠付利息按罚息利率计收复息，至款清之日止） 否□

续表

5. 是否主张实现债权的费用	是☑ 费用明细：律师费、财产保全费（已实际发生为准） 否☐
6. 其他请求	本案诉讼费用由被告承担
7. 标的总额	636327.79 元（暂计至 2023 年 2 月 10 日）
8. 请求依据	合同约定：《流动资金循环借款合同》第 3 条、第 8 条等，《保证函》 法律规定：《最高人民法院关于适用〈中华人民共和国民法典〉时间效力的若干规定》第一条第二款、《中华人民共和国合同法》第一百零七条、第二百零五条、第二百零六条，《中华人民共和国担保法》第十八条、第二十一条
约定管辖和诉讼保全	
1. 有无仲裁、法院管辖约定	有☑ 合同条款及内容：第 15 条 发生争议由被告所在地人民法院管辖 无☐
2. 是否申请财产保全措施	已经诉前保全：是☐ 保全法院： 保全时间： 否☑ 申请诉讼保全：是☑ 否☐
事实和理由	
1. 合同签订情况（名称、编号、签订时间、地点等）	2019 年 7 月 16 日，在原告所在地签订《流动资金循环借款合同》
2. 签订主体	贷款人：安吉××银行××支行 借款人：安吉××公司
3. 借款金额	约定：最高融资限额 1000000 元整 实际发放：600000 元
4. 借款期限	是否到期：是☑ 否☐ 约定期限：2019 年 7 月 16 日起至 2022 年 7 月 15 日止
5. 借款利率	利率☑ 6%/年（季/月）（合同条款：第 3 条） 逾期上浮☑ 9%/年（合同条款：第 8 条） 复利☐ （合同条款：第 条） 罚息（违约金）☑ 9%/年（合同条款：第 8 条）

续表

6. 借款发放时间	2021 年 8 月 18 日，发放 200000 元 2021 年 11 月 12 日，发放 400000 元
7. 还款方式	等额本息☐ 等额本金☐ 到期一次性还本付息☐ 按月计息、到期一次性还本☑ 按季计息、到期一次性还本☐ 按年计息、到期一次性还本☐ 其他☐
8. 还款情况	已还本金：0 元 已还利息：0 元，还息至　　　年　　月　　日
9. 是否存在逾期还款	是☑ 逾期时间：2022 年 7 月 16 日至起诉时已逾期 209 天 否☐
10. 是否签订物的担保（抵押、质押）合同	是☐　签订时间： 否☑
11. 担保人、担保物	担保人： 担保物：
12. 是否最高额担保（抵押、质押）	是☐ 否☑ 担保债权的确定时间： 担保额度：
13. 是否办理抵押、质押登记	是☐　正式登记☐ 　　　预告登记☐ 否☑
14. 是否签订保证合同/保函	是☑　签订时间：2019 年 7 月 16 日　保证人：沈×× 　　　主要内容：沈××出具《保证函》一份，具体内容为（保证范围、保证期间等）：保证期间为两年，保证担保范围为贷款本金、利息（包括罚息、复息）以及实现债权的费用等 否☐
15. 保证方式	一般保证　　☐ 连带责任保证☑
16. 其他担保方式	是☐　形式：　　　签订时间： 否☑

续表

17. 其他需要说明的内容（可另附页）	截至 2023 年 2 月 10 日，安吉××公司尚欠原告本金 591666. 36 元、利息 14400 元、罚息 31183. 33 元、利息的复息 678. 52 元。此后，安吉××公司曾于 2023 年 6 月 30 日归还本金 1600. 42 元。
18. 证据清单（可另附页）	附页

具状人（签字、盖章）：

浙江×××银行股份有限公司　马××

日期：2023 年 2 月 10 日

民事答辩状
（金融借款合同纠纷）

<table>
<tr><td colspan="4">说明：
为了方便您更好地参加诉讼，保护您的合法权利，请填写本表。
1. 应诉时需向人民法院提交证明您身份的材料，如身份证复印件、营业执照复印件等。
2. 本表所列内容是您参加诉讼以及人民法院查明案件事实所需，请务必如实填写。
3. 本表所涉内容系针对一般金融借款合同纠纷案件，有些内容可能与您的案件无关，您认为与案件无关的项目可以填“无”或不填；对于本表中勾选项可以在对应项打“√”；您认为另有重要内容需要列明的，可以在本表尾部或者另附页填写。
★特别提示★
《中华人民共和国民事诉讼法》第十三条第一款规定：“民事诉讼应当遵循诚信原则。”
如果诉讼参加人违反上述规定，进行虚假诉讼、恶意诉讼，人民法院将视违法情形依法追究责任。</td></tr>
<tr><td>案号</td><td>（2023）浙×××民初×××号</td><td>案由</td><td>金融借款合同纠纷</td></tr>
<tr><td colspan="4">当事人信息</td></tr>
<tr><td>答辩人（法人、非法人组织）</td><td colspan="3">名称：
住所地（主要办事机构所在地）：
注册地/登记地：
法定代表人/主要负责人：　　职务：　　联系电话：
统一社会信用代码：
类型：有限责任公司□　股份有限公司□　上市公司□　其他企业法人□
事业单位□　社会团体□　基金会□　社会服务机构□
机关法人□　农村集体经济组织法人□　城镇农村的合作经济组织法人□　基层群众性自治组织法人□
个人独资企业□　合伙企业□　不具有法人资格的专业服务机构□
国有□（控股□参股□）民营□</td></tr>
<tr><td>答辩人（自然人）</td><td colspan="3">姓名：沈××
性别：男□　女☑
出生日期：1955 年 5 月 25 日　民族：汉族
工作单位：无　职务：无　联系电话：××××××××
住所地（户籍所在地）：浙江省安吉县
经常居住地：浙江省安吉县××街道××社区×号</td></tr>
</table>

续表

委托诉讼代理人	有☑ 姓名：杨×× 单位：浙江××律师事务所　职务：律师 联系电话：136×××××× 代理权限：一般授权☑　特别授权☐ 无☐
送达地址（所填信息除书面特别声明更改外，适用于案件一审、二审、再审所有后续程序）及收件人、电话	地址：浙江省安吉县××街道××社区×号 收件人：杨×× 电话：136×××××
是否接受电子送达	是☑　方式：短信______　微信______　传真______ 邮箱×××@ QQ. COM 其他______ 否☐
答辩事项和依据 （对原告诉讼请求的确认或者异议）	
1. 对本金有无异议	无☐ 有☐　事实和理由：
2. 对利息（复利、罚息）有无异议	无☐ 有☐　事实和理由：合同未约定复利，不应支付复利
3. 对提前还款或解除合同有无异议	无☐ 有☐　事实和理由：
4. 对担保权利诉请有无异议	无☐ 有☑　事实和理由：一、被告对于贷款并不知情。二、被告不应承担罚息和复息，所签署的保证函中仅要求对利息承担保证责任，未提及需要对罚息、复息承担保证责任，且担保合同或者主合同都是格式条款，银行未做醒目提示，也未明确说明担保范围。三、根据主合同的约定，未明确复利计算依据，故只能按照利息为基数来计算，不能把罚息作为计算基础
5. 对实现债权的费用有无异议	无☐ 有☐　事实和理由：
6. 对其他请求有无异议	无☐ 有☑　事实和理由：诉讼费用由法院判决

续表

7. 对标的总额有无异议	无☐ 有☑　事实和理由：同对原告诉请担保权利的意见
8. 答辩依据	合同约定：《流动资金循环借款合同》《保证函》 法律规定：《最高人民法院关于适用〈中华人民共和国民法典〉时间效力的若干规定》第一条第二款、《中华人民共和国合同法》第三十九条、第四十条、第二百零六条，《中华人民共和国担保法》第十八条、第二十一条
事实和理由 （对起诉状事实和理由的确认或者异议）	
1. 对合同签订情况（名称、编号、签订时间、地点）有无异议	无☐ 有☑　事实和理由：答辩人不知情
2. 对签订主体有无异议	无☐ 有☑　事实和理由：答辩人不知情
3. 对借款金额有无异议	无☐ 有☑　事实和理由：答辩人不知情
4. 对借款期限有无异议	无☐ 有☑　事实和理由：答辩人不知情
5. 对借款利率有无异议	无☐ 有☑　事实和理由：答辩人不知情
6. 对借款发放时间有无异议	无☐ 有☑　事实和理由：答辩人不知情
7. 对还款方式有无异议	无☐ 有☑　事实和理由：答辩人不知情
8. 对还款情况有无异议	无☐ 有☑　事实和理由：答辩人不知情
9. 对是否逾期还款有无异议	无☑ 有☑　事实和理由：答辩人不知情
10. 对是否签订物的担保合同有无异议	无☐ 有☐　事实和理由：
11. 对担保人、担保物有无异议	无☐ 有☐　事实和理由：

续表

12. 对最高额抵押担保有无异议	无□ 有□　事实和理由：
13. 对是否办理抵押/质押登记有无异议	无□ 有□　事实和理由：
14. 对是否签订保证合同/保函有无异议	无□ 有☑　事实和理由：一、被告对于贷款并不知情。二、被告不应承担罚息和复息，所签署的保证函中仅要求对利息承担保证责任，未提及需要对罚息、复息承担保证责任，且担保合同或者主合同都是格式条款，银行未做醒目提示，也未明确说明担保范围。三、根据主合同的约定，未明确复息计算依据，故只能按照利息为基数来计算，不能把罚息作为计算基础
15. 对保证方式有无异议	无☑ 有□　事实和理由：
16. 对其他担保方式有无异议	无□ 有□　事实和理由：
17. 有无其他免责/减责事由	无□ 有□　内容：
18. 其他需要说明的内容（可另附页）	
19. 证据清单（可另附页）	

答辩人（签字、盖章）：沈××

日期：××年××月××日

民事起诉状
（物业服务合同纠纷）

<table>
<tr><td colspan="2">

说明：

为了方便您更好地参加诉讼，保护您的合法权利，请填写本表。

1. 起诉时需向人民法院提交证明您身份的材料，如身份证复印件、营业执照复印件等。

2. 本表所列内容是您提起诉讼以及人民法院查明案件事实所需，请务必如实填写。

3. 本表所涉内容系针对一般物业服务合同纠纷案件，有些内容可能与您的案件无关，您认为与案件无关的项目可以填“无”或不填；对于本表中勾选项可以在对应项打“√”；您认为另有重要内容需要列明的，可以在本表尾部或者另附页填写。

★特别提示★

《中华人民共和国民事诉讼法》第十三条第一款规定：“民事诉讼应当遵循诚信原则。”

如果诉讼参加人违反上述规定，进行虚假诉讼、恶意诉讼，人民法院将视违法情形依法追究责任。

</td></tr>
<tr><td colspan="2">

当事人信息

</td></tr>
<tr><td>原告（法人、非法人组织）</td><td>名称：
住所地（主要办事机构所在地）：
注册地/登记地：
法定代表人/主要负责人：　　职务：　　联系电话：
统一社会信用代码：
类型：有限责任公司□　股份有限公司□　上市公司□　其他企业法人□
事业单位□　社会团体□　基金会□　社会服务机构□
机关法人□　农村集体经济组织法人□　城镇农村的合作经济组织法人□　基层群众性自治组织法人□
个人独资企业□　合伙企业□　不具有法人资格的专业服务机构□
国有□（控股□参股□）民营□</td></tr>
<tr><td>委托诉讼代理人</td><td>有□
姓名：
单位：　　职务：　　联系电话：
代理权限：一般授权□　特别授权□
证件类型：居民身份证□　律师执业证□
无□</td></tr>
</table>

续表

送达地址（所填信息除书面特别声明更改外，适用于案件一审、二审、再审所有后续程序）及收件人、电话	地址： 收件人： 电话：
是否接受电子送达	是□ 方式：短信______ 微信______ 传真______ 邮箱______ 其他______ 否□
被告（法人、非法人组织）	名称： 住所地（主要办事机构所在地）： 注册地/登记地： 法定代表人/主要负责人： 职务： 联系电话： 统一社会信用代码： 类型：有限责任公司□ 股份有限公司□ 上市公司□ 其他企业法人□ 事业单位□ 社会团体□ 基金会□ 社会服务机构□ 机关法人□ 农村集体经济组织法人□ 城镇农村的合作经济组织法人□ 基层群众性自治组织法人□ 个人独资企业□ 合伙企业□ 不具有法人资格的专业服务机构□ 国有□（控股□参股□）民营□
被告（自然人）	姓名： 性别：男□ 女□ 出生日期： 年 月 日 民族： 工作单位： 职务： 联系电话： 住所地（户籍所在地）： 经常居住地：

续表

<table>
<tr><td>第三人（法人、非法人组织）</td><td>名称：
住所地（主要办事机构所在地）：
注册地/登记地：
法定代表人/主要负责人：　　　职务：　　　联系电话：
统一社会信用代码：
类型：有限责任公司□　股份有限公司□　上市公司□　其他企业法人□
事业单位□　社会团体□　基金会□　社会服务机构□
机关法人□　农村集体经济组织法人□　城镇农村的合作经济组织法人□　基层群众性自治组织法人□
个人独资企业□　合伙企业□　不具有法人资格的专业服务机构□
国有□（控股□参股□）民营□</td></tr>
<tr><td>第三人（自然人）</td><td>姓名：
性别：男□　女□
出生日期：　　　年　　月　　日
民族：
工作单位：　　　职务：　　　联系电话：
住所地（户籍所在地）：
经常居住地：</td></tr>
<tr><td colspan="2" align="center">诉讼请求和依据</td></tr>
<tr><td>1. 物业费</td><td>截至　　　年　　月　　日止，尚欠物业费　　　元</td></tr>
<tr><td>2. 违约金</td><td>截至　　　年　　月　　日止，欠逾期物业费的违约金　　　元
是否请求支付至实际清偿之日止：是□　否□</td></tr>
<tr><td>3. 其他请求</td><td></td></tr>
<tr><td>4. 标的总额</td><td></td></tr>
<tr><td>5. 请求依据</td><td>合同约定：
法律规定：</td></tr>
<tr><td colspan="2" align="center">约定管辖和诉讼保全</td></tr>
<tr><td>1. 有无仲裁、法院管辖约定</td><td>有□　合同条款及内容：
无□</td></tr>
</table>

续表

2. 是否申请财产保全措施	已经诉前保全：是□　　保全法院：　　保全时间： 否□ 申请诉讼保全：是□ 否□
事实和理由	
1. 物业服务合同或前期物业服务合同签订情况（名称、编号、签订时间、地点等）	
2. 签订主体	业主/建设单位： 物业服务人：
3. 物业项目情况	坐落位置： 面积：　　所有权人：
4. 约定的物业费标准	
5. 约定的物业服务期限	年　月　日起至　年　月　日止
6. 约定的物业费支付方式	
7. 约定的逾期支付物业费违约金标准	
8. 被告欠付物业费数额及计算方式	欠付物业费数额： 具体计算方式：
9. 被告应付违约金数额及计算方式	应付违约金数额： 具体计算方式：
10. 催缴情况	
11. 其他需要说明的内容（可另附页）	
12. 证据清单（可另附页）	

具状人（签字、盖章）：

日期：

民事答辩状
（物业服务合同纠纷）

<table>
<tr><td colspan="4">说明：
为了方便您更好地参加诉讼，保护您的合法权利，请填写本表。
1. 应诉时需向人民法院提交证明您身份的材料，如身份证复印件、营业执照复印件等。
2. 本表所列内容是您参加诉讼以及人民法院查明案件事实所需，请务必如实填写。
3. 本表所涉内容系针对一般物业服务合同纠纷案件，有些内容可能与您的案件无关，您认为与案件无关的项目可以填“无”或不填；对于本表中勾选项可以在对应项打“√”；您认为另有重要内容需要列明的，可以在本表尾部或者另附页填写。
★特别提示★
《中华人民共和国民事诉讼法》第十三条第一款规定：“民事诉讼应当遵循诚信原则。”
如果诉讼参加人违反上述规定，进行虚假诉讼、恶意诉讼，人民法院将视违法情形依法追究责任。</td></tr>
<tr><td>案号</td><td></td><td>案由</td><td></td></tr>
<tr><td colspan="4">当事人信息</td></tr>
<tr><td>答辩人（法人、非法人组织）</td><td colspan="3">名称：
住所地（主要办事机构所在地）：
注册地/登记地：
法定代表人/主要负责人：　　　职务：　　　联系电话：
统一社会信用代码：
类型：有限责任公司□　股份有限公司□　上市公司□　其他企业法人□
事业单位□　社会团体□　基金会□　社会服务机构□
机关法人□　农村集体经济组织法人□　城镇农村的合作经济组织法人□　基层群众性自治组织法人□
个人独资企业□　合伙企业□　不具有法人资格的专业服务机构□
国有□（控股□参股□）民营□</td></tr>
<tr><td>答辩人（自然人）</td><td colspan="3">姓名：
性别：男□　女□
出生日期：　　　年　　月　　日
民族：
工作单位：　　　　职务：　　　　联系电话：
住所地（户籍所在地）：
经常居住地：</td></tr>
</table>

续表

委托诉讼代理人	有□ 姓名： 工作单位：　　　　　职务：　　　　　联系电话： 代理权限：一般授权□　特别授权□ 无□
送达地址（所填信息除书面特别声明更改外，适用于案件一审、二审、再审所有后续程序）及收件人、联系电话	地址： 收件人： 联系电话：
是否接受电子送达	是□　方式：短信＿＿＿　微信＿＿＿　邮箱＿＿＿　其他＿＿＿ 否□
答辩事项和依据 **（对原告诉讼请求的确认或者异议）**	
1. 对物业费有无异议	无□ 有□　事实和理由：
2. 对违约金有无异议	无□ 有□　事实和理由：
3. 对其他请求有无异议	无□ 有□　事实和理由：
4. 对标的总额有无异议	无□ 有□　事实和理由：
5. 答辩依据	合同约定： 法律规定：
事实和理由 **（对起诉状事实和理由的确认或者异议）**	
1. 对物业服务合同或前期物业服务合同签订情况（名称、编号、签订时间、地点等）有无异议	无□ 有□　事实和理由：
2. 对签订主体有无异议	无□ 有□　事实和理由：

续表

3. 对物业项目情况有无异议	无□ 有□　事实和理由：
4. 对物业费标准有无异议	无□ 有□　事实和理由：
5. 对物业服务期限有无异议	无□ 有□　事实和理由：
6. 对物业费支付方式有无异议	无□ 有□　事实和理由：
7. 对逾期支付物业费违约金标准有无异议	无□ 有□　事实和理由：
8. 对欠付物业费数额及计算方式有无异议	无□ 有□　事实和理由：
9. 对应付违约金数额及计算方式有无异议	无□ 有□　事实和理由：
10. 对催缴情况有无异议	无□ 有□　事实和理由：
11. 其他需要说明的内容（可另附页）	无□ 有□　内容：
12. 证据清单（可另附页）	

答辩人（签字、盖章）：

日期：

实例：

民事起诉状
（物业服务合同纠纷）

<table>
<tr><td colspan="2">
说明：
为了方便您更好地参加诉讼，保护您的合法权利，请填写本表。
1. 起诉时需向人民法院提交证明您身份的材料，如身份证复印件、营业执照复印件等。
2. 本表所列内容是您提起诉讼以及人民法院查明案件事实所需，请务必如实填写。
3. 本表所涉内容系针对一般物业服务合同纠纷案件，有些内容可能与您的案件无关，您认为与案件无关的项目可以填“无”或不填；对于本表中勾选项可以在对应项打“√”；您认为另有重要内容需要列明的，可以在本表尾部或者另附页填写。
★特别提示★
《中华人民共和国民事诉讼法》第十三条第一款规定：“民事诉讼应当遵循诚信原则。”
如果诉讼参加人违反上述规定，进行虚假诉讼、恶意诉讼，人民法院将视违法情形依法追究责任。
</td></tr>
<tr><td colspan="2">当事人信息</td></tr>
<tr><td>原告（法人、非法人组织）</td><td>
名称：北京市×××物业管理有限公司
住所地（主要办事机构所在地）：北京市××区××路1号
注册地/登记地：
法定代表人/主要负责人：郭××；　职务：经理　联系电话：
统一社会信用代码：
类型：有限责任公司☑　股份有限公司□　上市公司□　其他企业法人□
事业单位□　社会团体□　基金会□　社会服务机构□
机关法人□　农村集体经济组织法人□　城镇农村的合作经济组织法人□　基层群众性自治组织法人□
个人独资企业□　合伙企业□　不具有法人资格的专业服务机构□
国有□（控股□参股□）民营☑
</td></tr>
<tr><td>委托诉讼代理人</td><td>
有☑
姓名：李××
单位：北京市×××物业管理有限公司　职务：职员
联系电话：××××
代理权限：一般授权☑　特别授权□
无□
</td></tr>
</table>

续表

送达地址（所填信息除书面特别声明更改外，适用于案件一审、二审、再审所有后续程序）及收件人、电话	地址：北京市××区××路1号 收件人：李×× 联系电话：××××××××
是否接受电子送达	是☑ 方式：短信×××× 微信______ 传真______ 邮箱______ 其他______ 否□
被告（法人、非法人组织）	名称： 住所地（主要办事机构所在地）： 注册地/登记地： 法定代表人/主要负责人： 职务： 联系电话： 统一社会信用代码： 类型：有限责任公司□ 股份有限公司□ 上市公司□ 其他企业法人□ 事业单位□ 社会团体□ 基金会□ 社会服务机构□ 机关法人□ 农村集体经济组织法人□ 城镇农村的合作经济组织法人□ 基层群众性自治组织法人□ 个人独资企业□ 合伙企业□ 不具有法人资格的专业服务机构□ 国有□（控股□参股□）民营□
被告（自然人）	姓名：杨×× 性别：男☑ 女□ 出生日期：××××年××月××日 民族：汉族 工作单位：无 职务：无 联系电话：×××××××× 住所地（户籍所在地）：北京市西城区××街道××社区×号 经常居住地：

续表

第三人（法人、非法人组织）	名称： 住所地（主要办事机构所在地）： 注册地/登记地： 法定代表人/主要负责人：　　　职务：　　　联系电话： 统一社会信用代码： 类型：有限责任公司□　股份有限公司□　上市公司□　其他企业法人□ 事业单位□　社会团体□　基金会□　社会服务机构□ 机关法人□　农村集体经济组织法人□　城镇农村的合作经济组织法人□　基层群众性自治组织法人□ 个人独资企业□　合伙企业□　不具有法人资格的专业服务机构□ 国有□（控股□参股□）民营□
第三人（自然人）	姓名： 性别：男□女□ 出生日期：　　　年　　月　　日　　　民族： 工作单位：　　　　职务：　　　　联系电话： 住所地（户籍所在地）： 经常居住地：
诉讼请求和依据	
1. 物业费	截至 2023 年 12 月 31 日止，尚欠物业费 24046. 8 元
2. 违约金	截至 2023 年 12 月 31 日止，欠逾期物业费的违约金 15433. 1 元 是否请求支付至实际清偿之日止：是☑　否□
3. 其他请求	本案诉讼费用由被告承担
4. 标的总额	39479. 9 元（暂计至 2023 年 12 月 31 日）
5. 请求依据	合同约定：《×××前期物业服务协议》第 15 条、第 20 条等 法律规定：《中华人民共和国民法典》第九百三十七条、第九百三十九条、第九百四十四条
约定管辖和诉讼保全	
1. 有无仲裁、法院管辖约定	有□　合同条款及内容： 无☑

续表

2. 是否申请财产保全措施	已经诉前保全：是☐　　保全法院：　　　保全时间： 否☑ 申请诉讼保全：是☐ 否☑
事实和理由	
1. 物业服务合同或前期物业服务合同签订情况（名称、编号、签订时间、地点等）	2015 年 5 月 18 日，杨××与北京市×××物业管理有限公司签订《北京市前期物业服务合同》
2. 签订主体	业主/建设单位：杨×× 物业服务人：北京市×××物业管理有限公司
3. 物业项目情况	坐落位置：北京市西城区××街道××社区×号 面积：138.2 平方米　　　所有权人：杨××
4. 约定的物业费标准	6 元/月/平米
5. 约定的物业服务期限	2015 年 5 月 20 日起至本物业成立业主委员会并选聘新的物业服务企业并与新的物业服务企业签订物业服务合同生效之日止
6. 约定的物业费支付方式	业主办理入住手续时预付一年的物业服务费，此后均预付一年的物业费，具体时间为每年的 4 月 1 日
7. 约定的逾期支付物业费违约金标准	业主未能按时足额缴纳物业服务费，应当按欠费总额日千分之三的标准支付违约金
8. 被告欠付物业费数额及计算方式	欠付物业费数额：24046.8 元 具体计算方式：138.2 平方米＊6 元/月/平方米＊29 月（自 2021 年 8 月 1 日至 2023 年 12 月 31 日）
9. 被告欠应付违约金数额及计算方式	应付违约金数额：15433.1 元 具体计算方式：24046.8 元＊3‰/天＊333 天（自 2021 年 8 月 1 日至 2022 年 12 月 31 日）
10. 催缴情况	多次上门催缴，并在被告门口张贴催费书面通知
11. 其他需要说明的内容（可另附页）	无
12. 证据清单（可另附页）	附页

具状人（签字、盖章）：

北京市×××物业管理有限公司（盖章）

日期：2024 年××月××日

民事答辩状
（物业服务合同纠纷）

<table>
<tr><td colspan="4">

说明：

为了方便您更好地参加诉讼，保护您的合法权利，请填写本表。

1. 应诉时需向人民法院提交证明您身份的材料，如身份证复印件、营业执照复印件等。

2. 本表所列内容是您参加诉讼以及人民法院查明案件事实所需，请务必如实填写。

3. 本表所涉内容系针对一般物业服务合同纠纷案件，有些内容可能与您的案件无关，您认为与案件无关的项目可以填“无”或不填；对于本表中勾选项可以在对应项打“√”；您认为另有重要内容需要列明的，可以在本表尾部或者另附页填写。

★特别提示★

《中华人民共和国民事诉讼法》第十三条第一款规定：“民事诉讼应当遵循诚信原则。”

如果诉讼参加人违反上述规定，进行虚假诉讼、恶意诉讼，人民法院将视违法情形依法追究责任。
</td></tr>
<tr><td>案号</td><td></td><td>案由</td><td></td></tr>
<tr><td colspan="4">当事人信息</td></tr>
<tr><td>答辩人（法人、非法人组织）</td><td colspan="3">名称：
住所地（主要办事机构所在地）：
注册地/登记地：
法定代表人/主要负责人：　　职务：　　联系电话：
统一社会信用代码：
类型：有限责任公司□　股份有限公司□　上市公司□　其他企业法人□
事业单位□　社会团体□　基金会□　社会服务机构□
机关法人□　农村集体经济组织法人□　城镇农村的合作经济组织法人□　基层群众性自治组织法人□
个人独资企业□　合伙企业□　不具有法人资格的专业服务机构□
国有□（控股□参股□）民营□</td></tr>
<tr><td>答辩人（自然人）</td><td colspan="3">姓名：杨××
性别：男☑　女□
出生日期：××××年××月××日
民族：汉族
工作单位：无　职务：无　联系电话：××××××××
住所地（户籍所在地）：北京市西城区××街道××社区×号
经常居住地：</td></tr>
</table>

续表

委托诉讼代理人	有□ 姓名： 单位：　　　　职务：　　　　联系电话： 代理权限：一般授权□　特别授权□ 无☑
送达地址（所填信息除书面特别声明更改外，适用于案件一审、二审、再审所有后续程序）及收件人、联系电话	地址：北京市西城区××街道××社区×号 收件人：杨×× 联系电话：××××××××
是否接受电子送达	是☑　方式：短信××××　微信______　邮箱______　其他______ 否□
答辩事项和依据 **（对原告诉讼请求的确认或者异议）**	
1. 对物业费有无异议	无□ 有☑　事实和理由：原告提供的物业服务不达标，物业费应打折收取
2. 对违约金有无异议	无□ 有☑　事实和理由：不是恶意拖欠物业服务费，而是希望通过这种方式促进物业公司改进服务
3. 对其他请求有无异议	无□ 有☑　事实和理由：诉讼费应当原告承担或者双方分担
4. 对标的总额有无异议	无□ 有☑　事实和理由：因为原告的服务“打折”了，物业费也应当打折收取；不应交违约金
5. 答辩依据	合同约定：合同第5条 法律规定：《中华人民共和国民法典》第九百四十二条
事实和理由 **（对起诉状事实和理由的确认或者异议）**	
1. 对物业服务合同或前期物业服务合同签订情况（名称、编号、签订时间、地点等）有无异议	无☑ 有□　事实和理由：

续表

2. 对签订主体有无异议	无☑ 有□　事实和理由：
3. 对物业项目情况有无异议	无☑ 有□　事实和理由：
4. 对物业费标准有无异议	无☑ 有□　事实和理由：
5. 对物业服务期限有无异议	无☑ 有□　事实和理由：
6. 对物业费支付方式有无异议	无☑ 有□　事实和理由：
7. 对逾期支付物业费违约金标准有无异议	无☑ 有□　事实和理由：
8. 对欠付物业费数额及计算方式有无异议	无□ 有☑　事实和理由：未交纳物业费是因为原告提供的物业服务严重不达标：1. 小区内有业主养大型宠物犬不栓绳，多次反映，物业均未管理；2. 计入公摊的大堂被不当占用；3. 垃圾清理不及时；4. 催收物业费的方式过于粗暴。原告提供的物业服务不达标，所以物业费也应打折收取
9. 对应付违约金数额及计算方式有无异议	无□ 有☑　事实和理由：不是恶意拖欠物业服务费，而是希望通过这种方式促进物业公司改进服务，是在行使抗辩权，不是违约，所以不应支付违约金
10. 对催缴情况有无异议	无☑ 有□　事实和理由：
11. 其他需要说明的内容（可另附页）	无☑ 有□　内容：
12. 证据清单（可另附页）	附页

答辩人（签字、盖章）：杨××

日期：××××年××月××日

民事起诉状
（银行信用卡纠纷）

<table>
<tr><td colspan="2">

说明：

为了方便您更好地参加诉讼，保护您的合法权利，请填写本表。

1. 起诉时需向人民法院提交证明您身份的材料，如身份证复印件、营业执照复印件等。

2. 本表所列内容是您提起诉讼以及人民法院查明案件事实所需，请务必如实填写。

3. 本表所涉内容系针对一般银行信用卡纠纷案件，有些内容可能与您的案件无关，您认为与案件无关的项目可以填“无”或不填；对于本表中勾选项可以在对应项打“√”您认为另有重要内容需要列明的，可以在本表尾部或者另附页填写。

★特别提示★

《中华人民共和国民事诉讼法》第十三条第一款规定：“民事诉讼应当遵循诚信原则。”

如果诉讼参加人违反上述规定，进行虚假诉讼、恶意诉讼，人民法院将视违法情形依法追究责任。

</td></tr>
<tr><td colspan="2">

当事人信息

</td></tr>
<tr><td>原告（法人、非法人组织）</td><td>名称：
住所地（主要办事机构所在地）：
注册地/登记地：
法定代表人/主要负责人：　　职务：　　联系电话：
统一社会信用代码：
类型：有限责任公司□　股份有限公司□　上市公司□　其他企业法人□
事业单位□　社会团体□　基金会□　社会服务机构□
机关法人□　农村集体经济组织法人□　城镇农村的合作经济组织法人□　基层群众性自治组织法人□
个人独资企业□　合伙企业□　不具有法人资格的专业服务机构□
国有□（控股□参股□）民营□</td></tr>
<tr><td>原告（自然人）</td><td>姓名：
性别：男□　女□
出生日期：　　年　　月　　日　　民族：
工作单位：　　职务：　　联系电话：
住所地（户籍所在地）：
经常居住地：</td></tr>
</table>

续表

委托诉讼代理人	有□ 姓名： 单位： 职务： 联系电话： 代理权限：一般授权□ 特别授权□ 无□
送达地址（所填信息除书面特别声明更改外，适用于案件一审、二审、再审所有后续程序）及收件人、联系电话	地址： 收件人： 联系电话：
是否接受电子送达	是□ 方式：短信______ 微信______ 传真______ 邮箱______ 其他______ 否□
被告（法人、非法人组织）	名称： 住所地（主要办事机构所在地）： 注册地/登记地： 法定代表人/主要负责人： 职务： 联系电话： 统一社会信用代码： 类型：有限责任公司□ 股份有限公司□ 上市公司□ 其他企业法人□ 事业单位□ 社会团体□ 基金会□ 社会服务机构□ 机关法人□ 农村集体经济组织法人□ 城镇农村的合作经济组织法人□ 基层群众性自治组织法人□ 个人独资企业□ 合伙企业□ 不具有法人资格的专业服务机构□ 国有□（控股□参股□）民营□
被告（自然人）	姓名： 性别：男□ 女□ 出生日期： 年 月 日 民族： 工作单位： 职务： 联系电话： 住所地（户籍所在地）： 经常居住地：

续表

第三人（法人、非法人组织）	名称： 住所地（主要办事机构所在地）： 注册地/登记地： 法定代表人/主要负责人：　　职务：　　联系电话： 统一社会信用代码： 类型：有限责任公司□　股份有限公司□　上市公司□　其他企业法人□ 事业单位□　社会团体□　基金会□　社会服务机构□ 机关法人□　农村集体经济组织法人□　城镇农村的合作经济组织法人□　基层群众性自治组织法人□ 个人独资企业□　合伙企业□　不具有法人资格的专业服务机构□ 国有□（控股□参股□）民营□
第三人（自然人）	姓名： 性别：男□　女□ 出生日期：　　年　　月　　日　　民族： 工作单位：　　职务：　　联系电话： 住所地（户籍所在地）： 经常居住地：
诉讼请求和依据	
1. 透支本金	截至　　年　　月　　日止，尚欠本金　　元（人民币，下同；如为外币需特别注明）；
2. 利息、罚息、复利、滞纳金、违约金、手续费等	截至　　年　　月　　日止，欠利息、罚息、复利、滞纳金、违约金、手续费等共计　　元 自　　年　　月　　日之后的利息、罚息、复利、滞纳金、违约金以及手续费等各项费用按照信用卡领用协议计算至实际清偿之日止明细：
3. 是否主张担保权利	是□　内容： 否□
4. 是否主张实现债权的费用	是□　费用明细： 否□
5. 其他请求	
6. 标的总额	

续表

7. 请求依据	合同约定： 法律规定：
约定管辖和诉讼保全	
1. 有无仲裁、法院管辖约定	有□　合同条款及内容： 无□
2. 是否申请财产保全措施	已经诉前保全：是□　　保全法院：　　保全时间： 否□ 申请诉讼保全：是□ 否□
事实和理由	
1. 信用卡办理情况（信用卡卡号、信用卡登记权利人、办卡时间、办卡行等）	
2. 信用卡合约的主要约定	透支金额： 利息、罚息、复利、滞纳金、违约金、手续费等的计算标准： 违约责任： 解除条件：
3. 是否对被告就信用卡合约主要条款进行提示注意、说明	是□　提示说明的具体方式以及时间地点： 否□
4. 被告已还款金额	元
5. 被告逾期未还款金额	逾期时间： 截至　　年　　月　　日，被告　　欠付信用卡本金　　元、利息　　元、罚息　　元、复利　　元、滞纳金　　元、违约金　　元、手续费　　元
6. 是否向被告进行通知和催收	是□　具体情况： 否□
7. 是否签订物的担保（抵押、质押）合同	是□　签订时间： 否□
8. 担保人、担保物	担保人： 担保物：

续表

9. 是否最高额担保（抵押、质押）	是□ 否□ 担保债权的确定时间： 担保额度：
10. 是否办理抵押、质押登记	是□　正式登记□ 　　　预告登记□ 否□
11. 是否签订保证合同	是□　签订时间：　　保证人： 　　　主要内容： 否□
12. 保证方式	一般保证　　□ 连带责任保证□
13. 其他担保方式	是□　形式：　　　　　签订时间： 否□
14. 其他需要说明的内容（可另附页）	
15. 证据清单（可另附页）	

具状人（签字、盖章）：

日期：

民事答辩状
（银行信用卡纠纷）

<table>
<tr><td colspan="2">

说明：

为了方便您更好地参加诉讼，保护您的合法权利，请填写本表。

1. 应诉时需向人民法院提交证明您身份的材料，如身份证复印件、营业执照复印件等。

2. 本表所列内容是您参加诉讼以及人民法院查明案件事实所需，请务必如实填写。

3. 本表所涉内容系针对一般银行信用卡纠纷案件，有些内容可能与您的案件无关，您认为与案件无关的项目可以填“无”或不填；对于本表中勾选项可以在对应项打“√”；您认为另有重要内容需要列明的，可以在本表尾部或者另附页填写。

★特别提示★

《中华人民共和国民事诉讼法》第十三条第一款规定：“民事诉讼应当遵循诚信原则。”

如果诉讼参加人违反上述规定，进行虚假诉讼、恶意诉讼，人民法院将视违法情形依法追究责任。

</td></tr>
<tr><td colspan="2">当事人信息</td></tr>
<tr><td>答辩人（法人、非法人组织）</td><td>名称：
住所地（主要办事机构所在地）：
注册地/登记地：
法定代表人/主要负责人：　　职务：　　联系电话：
统一社会信用代码：
类型：有限责任公司□　股份有限公司□　上市公司□　其他企业法人□
事业单位□　社会团体□　基金会□　社会服务机构□
机关法人□　农村集体经济组织法人□　城镇农村的合作经济组织法人□　基层群众性自治组织法人□
个人独资企业□　合伙企业□　不具有法人资格的专业服务机构□
国有□（控股□参股□）民营□</td></tr>
<tr><td>答辩人（自然人）</td><td>姓名：
性别：男□　女□
出生日期：　　年　　月　　日　　民族：
工作单位：　　职务：　　联系电话：
住所地（户籍所在地）：
经常居住地：</td></tr>
</table>

续表

委托诉讼代理人	有□ 姓名： 单位： 职务： 联系电话： 代理权限：一般授权□ 特别授权□ 无□
送达地址（所填信息除书面特别声明更改外，适用于案件一审、二审、再审所有后续程序）及收件人、联系电话	地址： 收件人： 电话：
是否接受电子送达	是□ 方式：短信______ 微信______ 传真______ 邮箱______ 其他______ 否□
答辩事项和依据 **（对原告诉讼请求的确认或者异议）**	
1. 对透支本金有无异议	确认□ 异议□ 内容：
2. 对利息、罚息、复利、滞纳金、违约金、手续费等有无异议	确认□ 异议□ 内容：
3. 对担保权利诉请有无异议	确认□ 异议□ 内容：
4. 对实现债权的费用有无异议	无□ 有□ 事实和理由：
5. 对其他请求有无异议	无□ 有□ 事实和理由：
6. 对标的总额有无异议	无□ 有□ 事实和理由：
7. 答辩依据	合同约定： 法律规定：
事实和理由 **（对起诉状事实与理由的确认或者异议）**	
1. 对信用卡办理情况有无异议	确认□ 异议□ 事实和理由：

续表

2. 对信用卡合约的主要约定有无异议	确认□ 异议□　事实和理由：
3. 对原告对被告就信用卡合约主要条款进行提示注意、说明的情况有无异议	确认□ 异议□　事实和理由：
4. 对被告已还款金额有无异议	确认□ 异议□　事实和理由：
5. 对被告逾期未还款金额有无异议	确认□ 异议□　事实和理由：
6. 对是否向被告进行通知和催收有无异议	确认□ 异议□　事实和理由：
7. 对是否签订物的担保合同有无异议	无□ 有□　事实和理由：
8. 对担保人、担保物有无异议	无□ 有□　事实和理由：
9. 对最高额抵押担保有无异议	无□ 有□　事实和理由：
10. 对是否办理抵押/质押登记有无异议	无□ 有□　事实和理由：
11. 对是否签订保证合同有无异议	无□ 有□　事实和理由：
12. 对保证方式有无异议	无□ 有□　事实和理由：
13. 对其他担保方式有无异议	无□ 有□　事实和理由：
14. 有无其他免责/减责事由	无□ 有□　事实和理由：
15. 其他需要说明的内容（可另附页）	
16. 证据清单（可另附页）	

答辩人（签字、盖章）：

日期：

实例：

民事起诉状
（银行信用卡纠纷）

<table>
<tr><td colspan="2">

说明：

为了方便您更好地参加诉讼，保护您的合法权利，请填写本表。

1. 起诉时需向人民法院提交证明您身份的材料，如身份证复印件、营业执照复印件等。

2. 本表所列内容是您提起诉讼以及人民法院查明案件事实所需，请务必如实填写。

3. 本表所涉内容系针对一般银行信用卡纠纷案件，有些内容可能与您的案件无关，您认为与案件无关的项目可以填“无”或不填；对于本表中勾选项可以在对应项打“√”；您认为另有重要内容需要列明的，可以在本表尾部或者另附页填写。

★特别提示★

《中华人民共和国民事诉讼法》第十三条第一款规定：“民事诉讼应当遵循诚信原则。”

如果诉讼参加人违反上述规定，进行虚假诉讼、恶意诉讼，人民法院将视违法情形依法追究责任。

</td></tr>
<tr><td colspan="2">当事人信息</td></tr>
<tr><td>原告</td><td>名称：××银行股份有限公司信用卡中心
住所地（主要办事机构所在地）：上海市浦东新区××路××号
注册地/登记地：上海市浦东新区××路××号
法定代表人/主要负责人：王××　职务：总经理
联系电话：××××××××××
统一社会信用代码：
类型：有限责任公司□　股份有限公司☑　上市公司□　其他企业法人□
事业单位□　社会团体□　基金会□　社会服务机构□
机关法人□　农村集体经济组织法人□　城镇农村的合作经济组织法人□　基层群众性自治组织法人□
个人独资企业□　合伙企业□　不具有法人资格的专业服务机构□
国有☑（控股☑参股□）民营□</td></tr>
<tr><td>委托诉讼代理人</td><td>有☑
姓名：唐××
单位：上海××律师事务所　职务：律师
联系电话：××××××××××
代理权限：一般授权☑　特别授权□
无□</td></tr>
</table>

续表

送达地址（所填信息除书面特别声明更改外，适用于案件一审、二审、再审所有后续程序）	地址：上海市浦东新区××路××街道上海××律师事务所 收件人：唐×× 联系电话：××××××××××
是否接受电子送达	是☑　方式：短信139×××××× 微信139×××××× 传真×××××× 邮箱×××@ QQ. COM 其他______ 否□
被告（法人、非法人组织）	名称： 住所地（主要办事机构所在地）： 注册地/登记地： 法定代表人/主要负责人：　　　职务：　　　联系电话： 统一社会信用代码： 类型：有限责任公司□　股份有限公司□　上市公司□　其他企业法人□ 事业单位□　社会团体□　基金会□　社会服务机构□ 机关法人□　农村集体经济组织法人□　城镇农村的合作经济组织法人□　基层群众性自治组织法人□ 个人独资企业□　合伙企业□　不具有法人资格的专业服务机构□ 国有□（控股□参股□）民营□
被告（自然人）	姓名：林×× 性别：男☑　女□ 出生日期：19××年××月××日 民族：×族 工作单位：××公司　职务：职员　联系电话：×××××××××× 住所地（户籍所在地）：河南省新密市 经常居住地：上海市浦东区××巷××弄××号

续表

第三人（法人、非法人组织）	名称： 住所地（主要办事机构所在地）： 注册地/登记地： 法定代表人/主要负责人：　　　职务：　　　联系电话： 统一社会信用代码： 类型：有限责任公司□　股份有限公司□　上市公司□　其他企业法人□ 事业单位□　社会团体□　基金会□　社会服务机构□ 机关法人□　农村集体经济组织法人□　城镇农村的合作经济组织法人□　基层群众性自治组织法人□ 个人独资企业□　合伙企业□　不具有法人资格的专业服务机构□ 国有□（控股□参股□）民营□
第三人（自然人）	姓名： 性别：男□　女□ 出生日期：　　　年　　月　　日 民族： 工作单位：　　　职务：　　　联系电话： 住所地（户籍所在地）： 经常居住地：
诉讼请求和依据	
1. 透支本金	截至年 2021 年 10 月 9 日止，尚欠本金 39958. 51 元
2. 利息、罚息、复利、滞纳金、违约金、手续费等	截至 2021 年 10 月 9 日止，欠利息、违约金、手续费等共计 18168. 14 元；自 2021 年 10 月 10 日之后的逾期利息计算至实际清偿之日止，计算方式：透支款 58126. 65 元×0. 5‰×天数 明细：截至 2021 年 10 月 9 日止，被告林××欠利息 4440. 19 元、违约金 11486. 96 元、账单分期手续费 2240. 99 元
3. 是否主张担保权利	是□ 否☑
4. 是否主张实现债权的费用	是☑　费用明细：律师费（以实际发生数额为准） 否□
5. 其他请求	
6. 标的总额	58126. 65 元

续表

7. 请求依据	合同约定：《××银行信用卡领用协议》 法律规定：《中华人民共和国民法典》第六百七十四条、第六百七十五条、第六百七十六条
约定管辖和诉讼保全	
1. 有无仲裁、法院管辖约定	有☑ 合同条款及内容：如发生纠纷向人民法院起诉解决 无□
2. 是否申请财产保全措施	已经诉前保全：是□ 保全法院： 保全时间： 否☑ 申请诉讼保全：是□ 否☑
事实和理由	
1. 信用卡办理情况（信用卡卡号、信用卡登记权利人、办卡时间、办卡行等）	20××年××月××日，林××携带身份证件来我行申领信用卡，并签署了《××银行信用卡领用协议》
2. 信用卡合约的主要约定	透支金额：50000 元 利息、罚息、复利、滞纳金、违约金、手续费等的计算标准：从交易记账日起至还款记账日止计收透支利息，日利率为万分之五 违约责任：按照当月最低还款额未还部分的 5%计算 解除条件：
3. 是否对被告就信用卡合约主要条款进行提示注意、说明	是☑ 提示说明的具体方式以及时间地点：《××银行信用卡领用协议》中标红部分内容，并口头告知 否□
4. 被告已还款金额	0 元
5. 被告逾期未还款金额	逾期时间： 日 截至 2021 年 10 月 9 日，被告林××欠付信用卡本金 39958. 51 元、利息 4440. 19 元、罚息 元、复利 元、滞纳金 元、违约金 11486. 96 元、手续费 2240. 99 元
6. 是否向被告进行通知和催收	是☑ 具体情况：2021 年 7 月 8 日通过我行客服电话 95×××与林××在我行预留手机号××××××××通话，告知其已逾期；2021 年 7 月 9 日通过 EMS 向林××在我行预留地址邮寄催收函 否□

续表

7. 是否签订物的担保（抵押、质押）合同	是□　签订时间： 否☑
8. 担保人、担保物	担保人： 担保物：
9. 是否最高额担保（抵押、质押）	是□ 否☑ 担保债权的确定时间： 担保额度：
10. 是否办理抵押、质押登记	是□　正式登记□ 　　　预告登记□ 否☑
11. 是否签订保证合同	是□　　签订时间：　　保证人： 　　　　主要内容： 否☑
12. 保证方式	一般保证　　□ 连带责任保证□
13. 其他担保方式	是□　形式：　　签订时间： 否☑
14. 其他需要说明的内容（可另附页）	
15. 证据清单（可另附页）	后附证据清单

具状人（签字、盖章）：

××银行股份有限公司信用卡中心　王××

日期：××年××月××日

民事答辩状
（银行信用卡纠纷）

<table>
<tr><td colspan="2">

说明：

为了方便您更好地参加诉讼，保护您的合法权利，请填写本表。

1. 应诉时需向人民法院提交证明您身份的材料，如身份证复印件、营业执照复印件等。

2. 本表所列内容是您参加诉讼以及人民法院查明案件事实所需，请务必如实填写。

3. 本表所涉内容系针对一般银行信用卡纠纷案件，有些内容可能与您的案件无关，您认为与案件无关的项目可以填“无”或不填；对于本表中勾选项可以在对应项打“√”；您认为另有重要内容需要列明的，可以在本表尾部或者另附页填写。

★特别提示★

《中华人民共和国民事诉讼法》第十三条第一款规定：“民事诉讼应当遵循诚信原则。”

如果诉讼参加人违反上述规定，进行虚假诉讼、恶意诉讼，人民法院将视违法情形依法追究责任。

</td></tr>
<tr><td colspan="2">当事人信息</td></tr>
<tr><td>答辩人（法人、非法人组织）</td><td>名称：
住所地（主要办事机构所在地）：
注册地/登记地：
法定代表人/主要负责人：　　职务：　　联系电话：
统一社会信用代码：
类型：有限责任公司□　股份有限公司□　上市公司□　其他企业法人□
事业单位□　社会团体□　基金会□　社会服务机构□
机关法人□　农村集体经济组织法人□　城镇农村的合作经济组织法人□　基层群众性自治组织法人□
个人独资企业□　合伙企业□　不具有法人资格的专业服务机构□
国有□（控股□参股□）民营□</td></tr>
<tr><td>答辩人（自然人）</td><td>姓名：林××
性别：男☑　女□
出生日期：19××年××月××日　　民族：×族
工作单位：××公司　职务：职员　联系电话：×××××××××
住所地（户籍所在地）：河南省新密市
经常居住地：上海市浦东区××巷××弄××号</td></tr>
</table>

续表

委托诉讼代理人	有☐ 姓名： 单位：　　　　职务：　　　　联系电话： 代理权限：一般授权☐　特别授权☐ 无☑
送达地址（所填信息除书面特别声明更改外，适用于案件一审、二审、再审所有后续程序）及收件人、联系电话	地址：上海市浦东区××巷××弄××号 收件人：林×× 联系电话：×××××××××
是否接受电子送达	是☑　方式：短信 139×××××× 微信 139×××××× 传真______ 邮箱______ 其他______ 否☐
答辩事项和依据 **（对原告诉讼请求的确认或者异议）**	
1. 对透支本金有无异议	无☑ 有☐　事实和理由：
2. 对利息、罚息、复利、滞纳金、违约金、手续费等有无异议	无☐ 有☑　事实和理由：答辩人对违约金、手续费等约定并不知情。
3. 对担保权利诉请有无异议	无☐ 有☐　事实和理由：
4. 对实现债权的费用有无异议	无☐ 有☐　事实和理由：
5. 对其他请求有无异议	无☐ 有☐　事实和理由：
6. 对标的总额有无异议	无☐ 有☑　事实和理由：答辩人仅应归还本金。
7. 答辩依据	合同约定： 法律规定：
事实和理由 **（对起诉状事实与理由的确认或者异议）**	
1. 对信用卡办理情况有无异议	无☑ 有☐　事实和理由：

续表

2. 对信用卡合约的主要约定有无异议	无☐ 有☐ 事实和理由：答辩人对违约金、手续费等内容并不知情，不应承担这些费用；且利息、违约金、手续费等费用标准过高
3. 对原告对被告就信用卡合约主要条款进行提示注意、说明的情况有无异议	无☐ 有☑ 事实和理由：原告并未就相关违约金、手续费等条款进行说明
4. 对被告已还款金额有无异议	无☐ 有☐ 事实和理由：
5. 对被告逾期未还款金额有无异议	无☑ 有☐ 事实和理由：
6. 对是否向被告进行通知和催收有无异议	无☐ 有☐ 事实和理由：答辩人并未收到过原告的催款通知
7. 对是否签订物的担保合同有无异议	无☐ 有☐ 事实和理由：
8. 对担保人、担保物有无异议	无☐ 有☐ 事实和理由：
9. 对最高额抵押担保有无异议	无☐ 有☐ 事实和理由：
10. 对是否办理抵押/质押登记有无异议	无☐ 有☐ 事实和理由：
11. 对是否签订保证合同有无异议	无☐ 有☐ 事实和理由：
12. 对保证方式有无异议	无☐ 有☐ 事实和理由：
13. 对其他担保方式有无异议	无☐ 有☐ 事实和理由：
14. 有无其他免责/减责事由	无☐ 有☑ 事实和理由：因疫情原因，收入中断，故不能及时还款
15. 其他需要说明的内容（可另附页）	
16. 证据清单（可另附页）	

答辩人（签字、盖章）：林××

日期：××年××月××日

民事起诉状
（机动车交通事故责任纠纷）

<table>
<tr><td colspan="2">

说明：

为了方便您更好地参加诉讼，保护您的合法权利，请填写本表。

1. 起诉时需向人民法院提交证明您身份的材料，如身份证复印件、营业执照复印件等。

2. 本表所列内容是您提起诉讼以及人民法院查明案件事实所需，请务必如实填写。

3. 本表有些内容可能与您的案件无关，您认为与案件无关的项目可以填“无”或不填；对于本表中勾选项可以在对应项打“√”；您认为另有重要内容需要列明的，可以在本表尾部或者另附页填写。

★特别提示★

《中华人民共和国民事诉讼法》第十三条第一款规定：“民事诉讼应当遵循诚信原则。”

如果诉讼参加人违反上述规定，进行虚假诉讼、恶意诉讼，人民法院将视违法情形依法追究责任。

</td></tr>
<tr><td colspan="2">当事人信息</td></tr>
<tr><td>原告（自然人）</td><td>姓名：
性别：男□　女□
出生日期：　　年　　月　　日
民族：
工作单位：　　　　职务：　　　　联系电话：
住所地（户籍所在地）：
经常居住地：</td></tr>
<tr><td>原告（法人、非法人组织）</td><td>名称：
住所地（主要办事机构所在地）：
注册地/登记地：
法定代表人/主要负责人：　　职务：　　联系电话：
统一社会信用代码：
类型：有限责任公司□　股份有限公司□　上市公司□　其他企业法人□
事业单位□　社会团体□　基金会□　社会服务机构□
机关法人□　农村集体经济组织法人□　城镇农村的合作经济组织法人□　基层群众性自治组织法人□
个人独资企业□　合伙企业□　不具有法人资格的专业服务机构□
国有□（控股□参股□）民营□</td></tr>
</table>

续表

<table>
<tr><td>委托诉讼代理人</td><td>有□
　　姓名：
　　单位：　　　　　职务：　　　　　联系电话：
　　代理权限：一般授权□　特别授权□
无□</td></tr>
<tr><td>送达地址（所填信息除书面特别声明更改外，适用于案件一审、二审、再审所有后续程序）及收件人、电话</td><td>地址：
收件人：
电话：</td></tr>
<tr><td>是否接受电子送达</td><td>是□　方式：短信______　微信______　传真______　邮箱______
　　　　　其他______
否□</td></tr>
<tr><td>被告（保险公司或其他法人、非法人组织）</td><td>名称：
住所地（主要办事机构所在地）：
注册地/登记地：
法定代表人/主要负责人：　　　职务：　　　联系电话：
统一社会信用代码：
类型：有限责任公司□　股份有限公司□　上市公司□　其他企业法人□
　　　事业单位□　社会团体□　基金会□　社会服务机构□
　　　机关法人□　农村集体经济组织法人□　城镇农村的合作经济组织法人□　基层群众性自治组织法人□
　　　个人独资企业□　合伙企业□　不具有法人资格的专业服务机构□
　　　国有□（控股□参股□）民营□</td></tr>
<tr><td>被告（自然人）</td><td>姓名：
性别：男□　女□
出生日期：　　　年　　月　　日
民族：
工作单位：　　　　　职务：　　　　　联系电话：
住所地（户籍所在地）：
经常居住地：</td></tr>
</table>

续表

第三人（法人、非法人组织）	名称： 住所地（主要办事机构所在地）： 注册地/登记地： 法定代表人/主要负责人：　　　职务：　　　联系电话： 统一社会信用代码： 类型：有限责任公司□　股份有限公司□　上市公司□　其他企业法人□ 事业单位□　社会团体□　基金会□　社会服务机构□ 机关法人□　农村集体经济组织法人□　城镇农村的合作经济组织法人□　基层群众性自治组织法人□ 个人独资企业□　合伙企业□　不具有法人资格的专业服务机构□ 国有□（控股□参股□）民营□
第三人（自然人）	姓名： 性别：男□　女□ 出生日期：　　　年　　月　　日 民族： 工作单位：　　　　职务：　　　　联系电话： 住所地（户籍所在地）： 经常居住地：
诉讼请求和依据	
1. 医疗费	年　　月　　日至　　年　　月　　日期间在 医院住院（门诊）治疗，累计发生医疗费　　元 医疗费发票、医疗费清单、病例资料：有□　无□
2. 护理费	住院护理　　天支付护理费　　元（或护理人员发生误工费　　元），或遵医嘱短期护理发生护理费　　元 住院证明、医嘱等：有□　无□
3. 营养费	营养费　　元 病例资料：有□　无□
4. 住院伙食补助费	住院伙食补助费　　元 病例资料：有□　无□
5. 误工费	年　　月　　日至　　年　　月　　日误工费　　元
6. 交通费	交通费　　元 交通费凭证：有□　无□

续表

7. 残疾赔偿金	残疾赔偿金　　元
8. 残疾辅助器具费	残疾辅助器具费　　元
9. 死亡赔偿金、丧葬费	死亡赔偿金　　元，丧葬费　　元
10. 精神损害赔偿金	精神损害赔偿金　　元
11. 其他费用	主张　　费用　　元
事实和理由	
1. 交通事故发生情况	
2. 交通事故责任认定	
3. 机动车投保情况	
4. 其他情况及法律依据	
5. 证据清单（可另附页）	

具状人（签字、盖章）：

日期：

民事答辩状
（机动车交通事故责任纠纷）

<table>
<tr><td colspan="4">说明：
为了方便您更好地参加诉讼，保护您的合法权利，请填写本表。
1. 应诉时需向人民法院提交证明您身份的材料，如身份证复印件、营业执照复印件等。
2. 本表所列内容是您参加诉讼以及人民法院查明案件事实所需，请务必如实填写。
3. 本表有些内容可能与您的案件无关，您认为与案件无关的项目可以填“无”或不填；对于本表中勾选项可以在对应项打“√”；您认为另有重要内容需要列明的，可以在本表尾部或者另附页填写。
★特别提示★
《中华人民共和国民事诉讼法》第十三条第一款规定：“民事诉讼应当遵循诚信原则。”
如果诉讼参加人违反上述规定，进行虚假诉讼、恶意诉讼，人民法院将视违法情形依法追究责任。</td></tr>
<tr><td>案号</td><td></td><td>案由</td><td></td></tr>
<tr><td colspan="4">当事人信息</td></tr>
<tr><td>答辩人（自然人）</td><td colspan="3">姓名：
性别：男□　女□
出生日期：　　年　　月　　日
民族：
工作单位：　　职务：　　联系电话：
住所地（户籍所在地）：
经常居住地：</td></tr>
<tr><td>答辩人（保险公司或其他法人、非法人组织）</td><td colspan="3">名称：
住所地（主要办事机构所在地）：
注册地/登记地：
法定代表人/主要负责人：　　职务：　　联系电话：
统一社会信用代码：
类型：有限责任公司□　股份有限公司□　上市公司□　其他企业法人□
事业单位□　社会团体□　基金会□　社会服务机构□
机关法人□　农村集体经济组织法人□　城镇农村的合作经济组织法人□　基层群众性自治组织法人□
个人独资企业□　合伙企业□　不具有法人资格的专业服务机构□
国有□（控股□参股□）民营□</td></tr>
</table>

续表

委托诉讼代理人	有□ 姓名： 单位：　　　　职务：　　　　联系电话： 代理权限：一般授权□　特别授权□ 无□
送达地址（所填信息除书面特别声明更改外，适用于案件一审、二审、再审所有后续程序）及收件人、联系电话	地址： 收件人： 联系电话：
是否接受电子送达	是□　方式：短信______　微信______　传真______　邮箱______ 其他______ 否□
答辩事项和依据 **（对原告诉讼请求的确认或者异议）**	
1. 对交通事故事实有无异议	无□ 有□　事实和理由：
2. 对交通事故责任认定有无异议	无□ 有□　事实和理由：
3. 对各项费用有无异议	无□ 有□　事实和理由：
4. 对鉴定意见有无异议	无□ 有□　事实和理由：
5. 对原告诉讼请求有无异议	无□ 有□　事实和理由：
6. 证据清单（可另附页）	

答辩人（签字、盖章）：

日期：

实例：

民事起诉状
（机动车交通事故责任纠纷）

<table>
<tr><td colspan="2">

说明：

为了方便您更好地参加诉讼，保护您的合法权利，请填写本表。

1. 起诉时需向人民法院提交证明您身份的材料，如身份证复印件、营业执照复印件等。

2. 本表所列内容是您提起诉讼以及人民法院查明案件事实所需，请务必如实填写。

3. 本表有些内容可能与您的案件无关，您认为与案件无关的项目可以填“无”或不填；对于本表中勾选项可以在对应项打“√”；您认为另有重要内容需要列明的，可以在本表尾部或者另附页填写。

★特别提示★

《中华人民共和国民事诉讼法》第十三条第一款规定：“民事诉讼应当遵循诚信原则。”

如果诉讼参加人违反上述规定，进行虚假诉讼、恶意诉讼，人民法院将视违法情形依法追究责任。

</td></tr>
<tr><td colspan="2">当事人信息</td></tr>
<tr><td>原告（自然人）</td><td>姓名：张三（以下据实填写）
性别：男□　女□
出生日期：　　年　　月　　日
民族：
工作单位：　　　　职务：　　　　联系电话：
住所地（户籍所在地）：
经常居住地：</td></tr>
<tr><td>原告（法人、非法人组织）</td><td>名称：
住所地（主要办事机构所在地）：
注册地/登记地：
法定代表人/主要负责人：　　　职务：　　　联系电话：
统一社会信用代码：
类型：有限责任公司□　股份有限公司□　上市公司□　其他企业法人□
事业单位□　社会团体□　基金会□　社会服务机构□
机关法人□　农村集体经济组织法人□　城镇农村的合作经济组织法人□　基层群众性自治组织法人□
个人独资企业□　合伙企业□　不具有法人资格的专业服务机构□
国有□（控股□参股□）民营□</td></tr>
</table>

续表

委托诉讼代理人	有☑ 　　姓名： 　　单位：　　　　　　职务：　　　　　　联系电话： 　　代理权限：一般授权□　特别授权□ 无□
送达地址（所填信息除书面特别声明更改外，适用于案件一审、二审、再审所有后续程序）及收件人、电话	地址： 收件人： 电话：
是否接受电子送达	是□　方式：短信______　微信______　传真______　邮箱______ 　　　　　　其他______ 否□
被告（保险公司或其他法人、非法人组织）	名称：某保险公司（以下据实填写） 住所地（主要办事机构所在地）： 注册地/登记地： 法定代表人/主要负责人：　　　职务：　　　联系电话： 统一社会信用代码： 类型：有限责任公司□　股份有限公司□　上市公司□　其他企业法人□ 　　事业单位□　社会团体□　基金会□　社会服务机构□ 　　机关法人□　农村集体经济组织法人□　城镇农村的合作经济组织法人□　基层群众性自治组织法人□ 　　个人独资企业□　合伙企业□　不具有法人资格的专业服务机构□ 　　国有□（控股□参股□）民营□
被告（自然人）	姓名： 性别：男□　女□ 出生日期：　　　年　　月　　日 民族： 工作单位：　　　　　　职务：　　　　　　联系电话： 住所地（户籍所在地）： 经常居住地：

续表

第三人（法人、非法人组织）	名称： 住所地（主要办事机构所在地）： 注册地/登记地： 法定代表人/主要负责人：　　　职务：　　　联系电话： 统一社会信用代码： 类型：有限责任公司□　股份有限公司□　上市公司□　其他企业法人□ 事业单位□　社会团体□　基金会□　社会服务机构□ 机关法人□　农村集体经济组织法人□　城镇农村的合作经济组织法人□　基层群众性自治组织法人□ 个人独资企业□　合伙企业□　不具有法人资格的专业服务机构□ 国有□（控股□参股□）民营□
第三人（自然人）	姓名： 性别：男□　女□ 出生日期：　　　年　　月　　日 民族： 工作单位：　　　职务：　　　联系电话： 住所地（户籍所在地）： 经常居住地：
诉讼请求和依据	
1. 医疗费 5 万元（以下据实填写）	年　　月　　日至　　年　　月　　日期间在　　医院住院（门诊）治疗，累计发生医疗费　　元 医疗费发票、医疗费清单、病例资料：有□　无□
2. 护理费	住院护理　　天支付护理费　　元（或护理人员发生误工费　　元），或遵医嘱短期护理发生护理费　　元 住院证明、医嘱等：有□　无□
3. 营养费	营养费　　元 病例资料：有□　无□
4. 住院伙食补助费	住院伙食补助费　　元 病例资料：有□　无□
5. 误工费	年　　月　　日至　　年　　月　　日误工费　　元
6. 交通费	交通费　　元 交通费凭证：有□　无□

续表

7. 残疾赔偿金	残疾赔偿金　　元
8. 残疾辅助器具费	残疾辅助器具费　　元
9. 死亡赔偿金、丧葬费	死亡赔偿金　　元，丧葬费　　元
10. 精神损害赔偿金	精神损害赔偿金　　元
11. 其他费用	主张　　费用　　元
事实和理由	
1. 交通事故发生情况	××年××月××日××时××分在××（事故发生地点），被告驾驶的车牌号为××的车辆与原告（或驾驶车牌号为××车辆）发生交通事故，导致原告受伤（或车辆、财物受损）
2. 交通事故责任认定	本次事故经××警察大队出具××号道路交通事故认定书，认定在本次事故中原告负××责任、被告负××责任
3. 机动车投保情况	被告驾驶车牌号为××的车辆在被告××保险公司投保保险，其中，交强险××元，期限自××年××月××日起至××年××月××日止；第三者责任险××元，期限自××年××月××日起至××年××月××日止
4. 其他情况及法律依据	原告经济损失如上，被告是否涉嫌刑事犯罪，是否被采取强制措施或羁押地点，是否采取保全措施等
5. 证据清单（可另附页）	

具状人（签字、盖章）：

日期：

民事答辩状
（机动车交通事故责任纠纷）

<table>
<tr><td colspan="4">
说明：
为了方便您更好地参加诉讼，保护您的合法权利，请填写本表。
1. 应诉时需向人民法院提交证明您身份的材料，如身份证复印件、营业执照复印件等。
2. 本表所列内容是您参加诉讼以及人民法院查明案件事实所需，请务必如实填写。
3. 本表有些内容可能与您的案件无关，您认为与案件无关的项目可以填“无”或不填；对于本表中勾选项可以在对应项打“√”；您认为另有重要内容需要列明的，可以在本表尾部或者另附页填写。
★特别提示★
《中华人民共和国民事诉讼法》第十三条第一款规定：“民事诉讼应当遵循诚信原则。”
如果诉讼参加人违反上述规定，进行虚假诉讼、恶意诉讼，人民法院将视违法情形依法追究责任。
</td></tr>
<tr><td>案号</td><td></td><td>案由</td><td>机动车交通事故责任纠纷</td></tr>
<tr><td colspan="4">当事人信息</td></tr>
<tr><td>答辩人（自然人）</td><td colspan="3">姓名：李四
性别：男□　女□
出生日期：　　年　　月　　日
民族：
工作单位：　　　　职务：　　　　联系电话：
住所地（户籍所在地）：
经常居住地：</td></tr>
<tr><td>答辩人（保险公司或其他法人、非法人组织）</td><td colspan="3">名称：
住所地（主要办事机构所在地）：
注册地/登记地：
法定代表人/主要负责人：　　　职务：　　　联系电话：
统一社会信用代码：
类型：有限责任公司□　股份有限公司□　上市公司□　其他企业法人□
事业单位□　社会团体□　基金会□　社会服务机构□
机关法人□　农村集体经济组织法人□　城镇农村的合作经济组织法人□　基层群众性自治组织法人□
个人独资企业□　合伙企业□　不具有法人资格的专业服务机构□
国有□（控股□参股□）民营□</td></tr>
</table>

续表

委托诉讼代理人	有□ 姓名： 单位： 职务： 联系电话： 代理权限：一般授权□ 特别授权□ 无□
送达地址（所填信息除书面特别声明更改外，适用于案件一审、二审、再审所有后续程序）及收件人、联系电话	地址： 收件人： 联系电话：
是否接受电子送达	是□ 方式：短信______ 微信______ 传真______ 邮箱______ 其他______ 否□
答辩事项和依据 （对原告诉讼请求的确认或者异议）	
1. 对交通事故事实有无异议	无☑ 有□ 事实和理由：
2. 对交通事故责任认定有无异议	无☑ 有□ 事实和理由：
3. 对各项费用有无异议	无☑ 有□ 事实和理由：
4. 对鉴定意见有无异议	无□ 有□ 事实和理由：
5. 对原告诉讼请求有无异议	无☑ 有□ 事实和理由：
6. 证据清单（可另附页）	

答辩人（签字、盖章）：

日期：

民事起诉状
（劳动争议纠纷）

<table>
<tr><td colspan="2">

说明：

为了方便您更好地参加诉讼，保护您的合法权利，请填写本表。

1. 应诉时需向人民法院提交证明您身份的材料，如身份证复印件、营业执照复印件等。

2. 本表所列内容是您提起诉讼以及人民法院查明案件事实所需，请务必如实填写。

3. 本表所涉内容系针对一般劳动争议纠纷案件，有些内容可能与您的案件无关，您认为与案件无关的项目可以填“无”或不填；对于本表中勾选项可以在对应项打“√”；您认为另有重要内容需要列明的，可以在本表尾部或者另附页填写。

★特别提示★

《中华人民共和国民事诉讼法》第十三条第一款规定：“民事诉讼应当遵循诚信原则。”

如果诉讼参加人违反上述规定，进行虚假诉讼、恶意诉讼，人民法院将视违法情形依法追究责任。

</td></tr>
<tr><td colspan="2">当事人信息</td></tr>
<tr><td>原告</td><td>姓名：
性别：男□　女□
出生日期：　　年　　月　　日
民族：
工作单位：　　　　职务：　　　　联系电话：
住所地（户籍所在地）：
经常居住地：</td></tr>
<tr><td>委托诉讼代理人</td><td>有□
姓名：
单位：　　　　职务：　　　　联系电话：
代理权限：一般授权□　特别授权□
无□</td></tr>
<tr><td>送达地址（所填信息除书面特别声明更改外，适用于案件一审、二审、再审所有后续程序）及收件人、电话</td><td>地址：
收件人：
电话：</td></tr>
<tr><td>是否接受电子送达</td><td>是□　方式：短信______　微信______　传真______　邮箱______
其他______
否□</td></tr>
</table>

续表

<table>
<tr><td>被告</td><td>名称：
住所地（主要办事机构所在地）：
注册地/登记地：
法定代表人/主要负责人： 职务： 联系电话：
统一社会信用代码：
类型：有限责任公司□ 股份有限公司□ 上市公司□ 其他企业法人□
事业单位□ 社会团体□ 基金会□ 社会服务机构□
机关法人□ 农村集体经济组织法人□ 城镇农村的合作经济组织法人□ 基层群众性自治组织法人□
个人独资企业□ 合伙企业□ 不具有法人资格的专业服务机构□
国有□（控股□参股□）民营□</td></tr>
<tr><td colspan="2">诉讼请求和依据</td></tr>
<tr><td>1. 是否主张工资支付</td><td>是□ 否□
明细：</td></tr>
<tr><td>2. 是否主张未签订书面劳动合同双倍工资</td><td>是□ 否□
明细：</td></tr>
<tr><td>3. 是否主张加班费</td><td>是□ 否□
明细：</td></tr>
<tr><td>4. 是否主张未休年休假工资</td><td>是□ 否□
明细：</td></tr>
<tr><td>5. 是否主张未依法缴纳社会保险费造成的经济损失</td><td>是□ 否□
明细：</td></tr>
<tr><td>6. 是否主张解除劳动合同经济补偿</td><td>是□ 否□
明细：</td></tr>
<tr><td>7. 是否主张违法解除劳动合同赔偿金</td><td>是□ 否□
明细：</td></tr>
<tr><td>8. 本表未列明的其他请求</td><td></td></tr>
<tr><td>9. 诉讼费用承担</td><td>（金额及具体主张）</td></tr>
</table>

续表

10. 是否已经申请诉前保全	是□ 保全法院： 保全文书： 否□
事实和理由	
1. 劳动合同签订情况	（合同主体、签订时间、地点、合同名称等）
2. 劳动合同履行情况	（入职时间、用人单位、工作岗位、工作地点、合同约定的每月工资数额及工资构成、办理社会保险的时间及险种、劳动者实际领取的每月工资数额及工资构成、加班工资计算基数及计算方法、原告加班时间及加班费、年休假等）
3. 解除或终止劳动关系情况	（解除或终止劳动关系的原因、经济补偿/赔偿金数额等）
4. 工伤情况	（发生工伤时间、工伤认定情况、工伤伤残等级、工伤费用等）
5. 劳动仲裁相关情况	（申请劳动仲裁时间、仲裁请求、仲裁文书、仲裁结果等）
6. 其他相关情况	（如是否农民工）
7. 诉请依据	法律及司法解释的规定，要写明具体条文
8. 证据清单（可另附页）	附页

具状人（签字、盖章）：

日期：

民事答辩状
（劳动争议纠纷）

<table>
<tr><td colspan="4">

说明：

为了方便您更好地参加诉讼，保护您的合法权利，请填写本表。

1. 应诉时需向人民法院提交证明您身份的材料，如身份证复印件、营业执照复印件等。

2. 本表所列内容是您参加诉讼以及人民法院查明案件事实所需，请务必如实填写。

3. 本表所涉内容系针对一般劳动争议纠纷案件，有些内容可能与您的案件无关，您认为与案件无关的项目可以填“无”或不填；对于本表中勾选项可以在对应项打“√”；您认为另有重要内容需要列明的，可以在本表尾部或者另附页填写。

★特别提示★

《中华人民共和国民事诉讼法》第十三条第一款规定：“民事诉讼应当遵循诚信原则。”

如果诉讼参加人违反上述规定，进行虚假诉讼、恶意诉讼，人民法院将视违法情形依法追究责任。
</td></tr>
<tr><td>案号</td><td></td><td>案由</td><td></td></tr>
<tr><td colspan="4">**当事人信息**</td></tr>
<tr><td>答辩人</td><td colspan="3">名称：
住所地（主要办事机构所在地）：
注册地/登记地：
法定代表人/主要负责人：　　　职务：　　　联系电话：
统一社会信用代码：
类型：有限责任公司□　股份有限公司□　上市公司□　其他企业法人□
事业单位□　社会团体□　基金会□　社会服务机构□
机关法人□　农村集体经济组织法人□　城镇农村的合作经济组织法人□　基层群众性自治组织法人□
个人独资企业□　合伙企业□　不具有法人资格的专业服务机构□
国有□（控股□参股□）民营□</td></tr>
<tr><td>委托诉讼代理人</td><td colspan="3">有□
姓名：
单位：　　　职务：　　　联系电话：
代理权限：一般授权□　特别授权□
无□</td></tr>
</table>

续表

送达地址（所填信息除书面特别声明更改外，适用于案件一审、二审、再审所有后续程序）及收件人、电话	地址： 收件人： 电话：
是否接受电子送达	是□　方式：短信______ 微信______ 传真______ 邮箱______ 其他______ 否□
答辩事项和依据 （对原告诉讼请求的确认或者异议）	
1. 对工资支付诉请的确认和异议	确认□　异议□ 事由：
2. 对未签订书面劳动合同双倍工资诉请的确认和异议	确认□　异议□ 事由：
3. 对加班费诉请的确认和异议	确认□　异议□ 事由：
4. 对未休年休假工资诉请的确认和异议	确认□　异议□ 事由：
5. 对未依法缴纳社会保险费造成的经济损失诉请的确认和异议	确认□　异议□ 事由：
6. 对解除劳动合同经济补偿诉请的确认和异议	确认□　异议□ 事由：
7. 对违法解除劳动合同赔偿金诉请的确认和异议	确认□　异议□ 事由：
8. 对劳动仲裁相关情况的确认和异议	确认□　异议□ 事由：
9. 其他事由	
10. 答辩的依据	法律及司法解释的规定，要写明具体条文
11. 证据清单（可另附页）	附页

答辩人（签字、盖章）：

日期：

实例：

民事起诉状
（劳动争议纠纷）

<table>
<tr><td colspan="2">

说明：

为了方便您更好地参加诉讼，保护您的合法权利，请填写本表。

1. 起诉时需向人民法院提交证明您身份的材料，如身份证复印件、营业执照复印件等。

2. 本表所列内容是您提起诉讼以及人民法院查明案件事实所需，请务必如实填写。

3. 本表所涉内容系针对一般劳动争议纠纷案件，有些内容可能与您的案件无关，您认为与案件无关的项目可以填“无”或不填；对于本表中勾选项可以在对应项打“√”；您认为另有重要内容需要列明的，可以在本表尾部或者另附页填写。

★特别提示★

《中华人民共和国民事诉讼法》第十三条第一款规定：“民事诉讼应当遵循诚信原则。”

如果诉讼参加人违反上述规定，进行虚假诉讼、恶意诉讼，人民法院将视违法情形依法追究责任。

</td></tr>
<tr><td colspan="2">当事人信息</td></tr>
<tr><td>原告</td><td>姓名：刘某某
性别：男☐　女☑
出生日期：1973 年××月××日
民族：汉族
工作单位：北京××公司　职务：职员　联系电话：×××××
住所地（户籍所在地）：北京市门头沟区××路××号
经常居住地：同住所地</td></tr>
<tr><td>委托诉讼代理人</td><td>有☑
姓名：汪某某
单位：××律师事务所　职务：律师　联系电话：×××××
代理权限：一般授权☑　特别授权☐
无☐</td></tr>
<tr><td>送达地址（所填信息除书面特别声明更改外，适用于案件一审、二审、再审所有后续程序）及收件人、电话</td><td>地址：北京市大兴区××路××号
收件人：汪某某
电话：××××××</td></tr>
<tr><td>是否接受电子送达</td><td>是☑　方式：短信×××××　微信______　传真______　邮箱______
其他______
否☐</td></tr>
</table>

续表

<table>
<tr><td>被告</td><td>名称：北京××公司
住所地（主要办事机构所在地）：北京市平谷区××路××号
注册地/登记地：北京市平谷区××路××号
法定代表人/主要负责人：张某某　职务：董事长
联系电话：×××××
统一社会信用代码：
类型：有限责任公司☑　股份有限公司□　上市公司□　其他企业法人□
事业单位□　社会团体□　基金会□　社会服务机构□
机关法人□　农村集体经济组织法人□　城镇农村的合作经济组织法人□　基层群众性自治组织法人□
个人独资企业□　合伙企业□　不具有法人资格的专业服务机构□
国有□（控股□参股□）民营☑</td></tr>
<tr><td colspan="2">诉讼请求和依据</td></tr>
<tr><td>1. 是否主张工资支付</td><td>是□　否☑
明细：</td></tr>
<tr><td>2. 是否主张未签订书面劳动合同双倍工资</td><td>是☑　否□
明细：11 个月第二倍工资共计 33000 元</td></tr>
<tr><td>3. 是否主张加班费</td><td>是□　否☑
明细：</td></tr>
<tr><td>4. 是否主张未休年休假工资</td><td>是□　否☑
明细：</td></tr>
<tr><td>5. 是否主张未依法缴纳社会保险费造成的经济损失</td><td>是□　否☑
明细：</td></tr>
<tr><td>6. 是否主张解除劳动合同经济补偿</td><td>是☑　否□
明细：3000 元</td></tr>
<tr><td>7. 是否主张违法解除劳动合同赔偿金</td><td>是□　否☑
明细：</td></tr>
<tr><td>8. 本表未列明的其他请求</td><td>无</td></tr>
<tr><td>9. 诉讼费用承担</td><td>全部诉讼费用由被告承担</td></tr>
</table>

续表

10. 是否已经申请诉前保全	是□ 保全法院： 保全文书： 否☑
事实和理由	
1. 劳动合同签订情况	未签订书面劳动合同，经劳动仲裁确认存在劳动关系
2. 劳动合同履行情况	刘某某于2019年××月××日入职北京××公司，从事清洁工作，约定每月工资3000元，劳动合同期限1年，但未签订书面劳动合同。1年期满后，刘某某提出续签合同，但北京××公司不同意
3. 解除或终止劳动关系情况	合同期满后，因北京××公司不同意续签合同，2020年××月××日，劳动关系终止
4. 工伤情况	无
5. 劳动仲裁相关情况	刘某某2020年××月××日申请劳动仲裁，请求确认其自2019年××月××日至2020年××月××日与北京××公司存在劳动关系；北京××公司向其支付未签书面劳动合同而应支付的第二倍工资33000元；北京××公司向其支付解除劳动关系经济补偿3000元 北京市××区劳动人事争议仲裁委员会于2020年××月××日作出×××号裁决书，确认北京××公司与刘某某在2019年××月××日至2020年××月××日存在劳动关系，并驳回了刘某某其他仲裁请求
6. 其他相关情况	无
7. 诉请依据	《中华人民共和国劳动合同法》第7条、第10条、第44条、第46条、第47条、第82条
8. 证据清单（可另附页）	附页

具状人（签字、盖章）：刘某某

日期：2021年××月××日

民事答辩状
（劳动争议纠纷）

<table>
<tr><td colspan="4">说明：
为了方便您更好地参加诉讼，保护您的合法权利，请填写本表。
1. 应诉时需向人民法院提交证明您身份的材料，如身份证复印件、营业执照复印件等。
2. 本表所列内容是您参加诉讼以及人民法院查明案件事实所需，请务必如实填写。
3. 本表所涉内容系针对一般劳动争议纠纷案件，有些内容可能与您的案件无关，您认为与案件无关的项目可以填“无”或不填；对于本表中勾选项可以在对应项打“√”；您认为另有重要内容需要列明的，可以在本表尾部或者另附页填写。
★特别提示★
《中华人民共和国民事诉讼法》第十三条第一款规定：“民事诉讼应当遵循诚信原则。”
如果诉讼参加人违反上述规定，进行虚假诉讼、恶意诉讼，人民法院将视违法情形依法追究责任。</td></tr>
<tr><td>案号</td><td>（2021）京××民初××号</td><td>案由</td><td>劳动争议</td></tr>
<tr><td colspan="4">当事人信息</td></tr>
<tr><td>答辩人</td><td colspan="3">名称：北京××公司
住所地（主要办事机构所在地）：北京市平谷区××路××号
注册地/登记地：
法定代表人/主要负责人：张某某　职务：董事长
联系电话：×××××
统一社会信用代码：××××××××××
类型：有限责任公司☑　股份有限公司□　上市公司□　其他企业法人□
事业单位□　社会团体□　基金会□　社会服务机构□
机关法人□　农村集体经济组织法人□　城镇农村的合作经济组织法人□　基层群众性自治组织法人□
个人独资企业□　合伙企业□　不具有法人资格的专业服务机构□
国有□（控股□参股□）民营☑</td></tr>
<tr><td>委托诉讼代理人</td><td colspan="3">有☑
姓名：肖某某
单位：北京××公司　职务：　职员　联系电话：××××
代理权限：一般授权□　特别授权☑
无□</td></tr>
</table>

续表

送达地址（所填信息除书面特别声明更改外，适用于案件一审、二审、再审所有后续程序）及收件人、电话	地址：北京市平谷区××路××号 收件人：肖某某 电话：×××××
是否接受电子送达	是□　方式：短信______ 微信______ 传真______ 邮箱______ 其他______ 否☑
答辩事项和依据 **（对原告诉讼请求的确认或者异议）**	
1. 对工资支付诉请的确认和异议	确认□　异议□ 事由：
2. 对未签订书面劳动合同双倍工资诉请的确认和异议	确认□　异议☑ 事由：已通知刘某某签订书面劳动合同，刘某某因个人原因没有签订
3. 对加班费诉请的确认和异议	确认□　异议□ 事由：
4. 对未休年休假工资诉请的确认和异议	确认□　异议□ 事由：
5. 对未依法缴纳社会保险费造成的经济损失诉请的确认和异议	确认□　异议□ 事由：
6. 对解除劳动合同经济补偿诉请的确认和异议	确认□　异议☑ 事由：刘某某严重违反用人单位规章制度，故不予续签劳动合同
7. 对违法解除劳动合同赔偿金诉请的确认和异议	确认□　异议□ 事由：
8. 对劳动仲裁相关情况的确认和异议	确认☑　异议□ 事由：
9. 其他事由	无
10. 答辩的依据	《中华人民共和国劳动合同法》第7条、第10条、第44条、第46条、第47条、第82条
11. 证据清单（可另附页）	附页

具状人（签字、盖章）：北京××公司

日期：2021年××月××日

民事起诉状
（融资租赁合同纠纷）

<table>
<tr><td colspan="2">

说明：

为了方便您更好地参加诉讼，保护您的合法权利，请填写本表。

1. 起诉时需向人民法院提交证明您身份的材料，如身份证复印件、营业执照复印件等。

2. 本表所列内容是您提起诉讼以及人民法院查明案件事实所需，请务必如实填写。

3. 本表所涉内容系针对一般融资租赁合同纠纷案件，有些内容可能与您的案件无关，您认为与案件无关的项目可以填“无”或不填；对于本表中勾选项可以在对应项打“√”；您认为另有重要内容需要列明的，可以在本表尾部或者另附页填写。

★特别提示★

《中华人民共和国民事诉讼法》第十三条第一款规定：“民事诉讼应当遵循诚信原则。”

如果诉讼参加人违反上述规定，进行虚假诉讼、恶意诉讼，人民法院将视违法情形依法追究责任。

</td></tr>
<tr><td colspan="2">

当事人信息

</td></tr>
<tr><td>原告（法人、非法人组织）</td><td>名称：
住所地（主要办事机构所在地）：
注册地/登记地：
法定代表人/主要负责人：　　职务：　　联系电话：
统一社会信用代码：
类型：有限责任公司□　股份有限公司□　上市公司□　其他企业法人□
事业单位□　社会团体□　基金会□　社会服务机构□
机关法人□　农村集体经济组织法人□　城镇农村的合作经济组织法人□　基层群众性自治组织法人□
个人独资企业□　合伙企业□　不具有法人资格的专业服务机构□
国有□（控股□参股□）民营□</td></tr>
<tr><td>原告（自然人）</td><td>姓名：
性别：男□　女□
出生日期：　　年　　月　　日　　民族：
工作单位：　　职务：　　联系电话：
住所地（户籍所在地）：
经常居住地：</td></tr>
</table>

续表

委托诉讼代理人	有□ 姓名： 单位：　　　　　职务：　　　　　联系电话： 代理权限：一般授权□　特别授权□ 无□
送达地址（所填信息除书面特别声明更改外，适用于案件一审、二审、再审所有后续程序）及收件人、联系电话	地址： 收件人： 电话：
是否接受电子送达	是□　方式：短信______　微信______　传真______　邮箱______ 其他______ 否□
被告（法人、非法人组织）	名称： 住所地（主要办事机构所在地）： 注册地/登记地： 法定代表人/主要负责人：　　　职务：　　　联系电话： 统一社会信用代码： 类型：有限责任公司□　股份有限公司□　上市公司□　其他企业法人□ 事业单位□　社会团体□　基金会□　社会服务机构□ 机关法人□　农村集体经济组织法人□　城镇农村的合作经济组织法人□　基层群众性自治组织法人□ 个人独资企业□　合伙企业□　不具有法人资格的专业服务机构□ 国有□（控股□参股□）民营□
被告（自然人）	姓名： 性别：男□　女□ 出生日期：　　　年　　月　　日 民族： 工作单位：　　　　　职务：　　　　　联系电话： 住所地（户籍所在地）： 经常居住地：

续表

第三人（法人、非法人组织）	名称： 住所地（主要办事机构所在地）： 注册地/登记地： 法定代表人/主要负责人：　　　职务：　　　联系电话： 统一社会信用代码： 类型：有限责任公司□　股份有限公司□　上市公司□　其他企业法人□ 事业单位□　社会团体□　基金会□　社会服务机构□ 机关法人□　农村集体经济组织法人□　城镇农村的合作经济组织法人□　基层群众性自治组织法人□ 个人独资企业□　合伙企业□　不具有法人资格的专业服务机构□ 国有□（控股□参股□）民营□
第三人（自然人）	姓名： 性别：男□　女□ 出生日期：　　年　　月　　日 民族： 工作单位：　　　职务：　　　联系电话： 住所地（户籍所在地）： 经常居住地：
诉讼请求和依据 **（原告主张支付全部未付租金时，填写第 1 项至第 3 项；原告主张解除合同时，填写第 4 项、第 5 项；第 6 项至第 10 项为共同项）**	
1. 支付全部未付租金	到期未付租金　　元、未到期租金　　元、留购价款　　元（人民币，下同；如外币需特别注明） 明细：
2. 违约金、滞纳金、损害赔偿金	截至　　年　　月　　日止，违约金　　元，滞纳金　　元，损害赔偿金　　元；自　　之后的违约金、滞纳金、损害赔偿金，以　　元为基数按照标准计算至全部款项实际付清之日 明细：
3. 是否确认租赁物归原告所有	是□ 否□
4. 请求解除合同	判令解除融资租赁合同□ 确认融资租赁合同已于　　年　　月　　日解除□

续表

5. 返还租赁物，并赔偿因解除合同而受到的损失	支付全部未付租金　　元，到期未付租金　　元、未到期租金　　元、留购价款　　元（如约定） 截至　　年　　月　　日止，违约金　　元，滞纳金　　元，损害赔偿金　　元 自　　之后的违约金、滞纳金、损害赔偿金，以　　元为基数按照标准计算至全部款项实际付清之日 明细：
6. 是否主张担保权利	是□　内容： 否□
7. 是否主张实现债权的费用	是□　费用明细： 否□
8. 其他请求	
9. 标的总额	
10. 请求依据	合同约定： 法律规定：
约定管辖和诉讼保全	
1. 有无仲裁、法院管辖约定	有□　合同条款及内容： 无□
2. 是否申请财产保全措施	已经诉前保全：是□　　保全法院：　　保全时间： 否□ 申请诉讼保全：是□ 否□
事实和理由	
1. 合同的签订情况（名称、编号、签订时间、地点）	
2. 签订主体	出租人（买方）： 承租人（卖方）：
3. 租赁物情况（租赁物的选择、名称、规格、质量、数量等）	

续表

4. 合同约定的租金及支付方式	租金　　元； 以现金□转账□票据□______（写明票据类型）其他□______方式一次性□分期□支付 分期方式：
5. 合同约定的租赁期限、费用	租赁期间自　　年　　月　　日起至　　年　　月　　日止 除租金外产生的　　费用，由　　承担
6. 到期后租赁物归属	归承租人所有□ 归出租人所有□ 留购价款　　元
7. 合同约定的违约责任	
8. 是否约定加速到期条款	是□　具体内容： 否□
9. 是否约定回收租赁物条件	是□　具体内容： 否□
10. 是否约定解除合同条件	是□　具体内容： 否□
11. 租赁物交付时间	于　　年　　月　　日交付租赁物
12. 租赁物情况	质量符合约定或者承租人的使用目的□ 存在瑕疵□　具体情况：
13. 租金支付情况	自　　年　　月　　日至　　年　　月　　日，按约定缴纳租金，已付租金　　元，逾期但已支付租金　　元 明细：
14. 逾期未付租金情况	自　　年　　月　　日起，开始欠付租金，截至　　年　　月　　日，欠付租金　　元、违约金　　元，滞纳金　　元，损害赔偿金　　元，共计　　元 明细：
15. 是否签订物的担保（抵押、质押）合同	是□　签订时间： 否□
16. 担保人、担保物	担保人： 担保物：
17. 是否最高额担保（抵押、质押）	是□　担保债权的确定时间： 　　　担保额度： 否□

续表

18. 是否办理抵押、质押登记	是□　正式登记□ 　　　预告登记□ 否□
19. 是否签订保证合同	是□　签订时间：　　　保证人： 　　　主要内容： 否□
20. 保证方式	一般保证　　□ 连带责任保证□
21. 其他担保方式	是□　形式：　　　签订时间： 否□
22. 其他需要说明的内容（可另附页）	
23. 证据清单（可另附页）	

具状人（签字、盖章）：

日期：

民事答辩状
（融资租赁合同纠纷）

<table>
<tr><td colspan="4">

说明：

为了方便您更好地参加诉讼，保护您的合法权利，请填写本表。

1. 应诉时需向人民法院提交证明您身份的材料，如身份证复印件、营业执照复印件等。

2. 本表所列内容是您参加诉讼以及人民法院查明案件事实所需，请务必如实填写。

3. 本表所涉内容系针对一般融资租赁合同纠纷案件，有些内容可能与您的案件无关，您认为与案件无关的项目可以填“无”或不填；对于本表中勾选项可以在对应项打“√”；您认为另有重要内容需要列明的，可以在本表尾部或者另附页填写。

★特别提示★

《中华人民共和国民事诉讼法》第十三条第一款规定：“民事诉讼应当遵循诚信原则。”

如果诉讼参加人违反上述规定，进行虚假诉讼、恶意诉讼，人民法院将视违法情形依法追究责任。

</td></tr>
<tr><td>案号</td><td></td><td>案由</td><td></td></tr>
<tr><td colspan="4">当事人信息</td></tr>
<tr><td>答辩人（法人、非法人组织）</td><td colspan="3">名称：
住所地（主要办事机构所在地）：
注册地/登记地：
法定代表人/主要负责人：　　职务：　　联系电话：
统一社会信用代码：
类型：有限责任公司□　股份有限公司□　上市公司□　其他企业法人□
事业单位□　社会团体□　基金会□　社会服务机构□
机关法人□　农村集体经济组织法人□　城镇农村的合作经济组织法人□　基层群众性自治组织法人□
个人独资企业□　合伙企业□　不具有法人资格的专业服务机构□
国有□（控股□参股□）民营□</td></tr>
<tr><td>答辩人（自然人）</td><td colspan="3">姓名：
性别：男□　女□
出生日期：　　年　　月　　日　　民族：
工作单位：　　职务：　　联系电话：
住所地（户籍所在地）：
经常居住地：</td></tr>
</table>

续表

<table>
<tr><td>委托诉讼代理人</td><td>有□
姓名：
单位：　　　　　职务：　　　　　联系电话：
代理权限：一般授权□　特别授权□
无□</td></tr>
<tr><td>送达地址（所填信息除书面特别声明更改外，适用于案件一审、二审、再审所有后续程序）及收件人、联系电话</td><td>地址：
收件人：
联系电话：</td></tr>
<tr><td>是否接受电子送达</td><td>是□　方式：短信______ 微信______ 传真______ 邮箱______
其他______
否□</td></tr>
<tr><td colspan="2">答辩事项
（对原告诉讼请求的确认或者异议）</td></tr>
<tr><td>1. 对支付全部未付租金的诉请有无异议</td><td>无□
有□　事实和理由：</td></tr>
<tr><td>2. 对违约金、滞纳金、损害赔偿金有无异议</td><td>无□
有□　事实和理由：</td></tr>
<tr><td>3. 对确认租赁物归原告所有有无异议</td><td>无□
有□　事实和理由：</td></tr>
<tr><td>4. 对解除合同有无异议</td><td>无□
有□　事实和理由：</td></tr>
<tr><td>5. 对返还租赁物，并赔偿因解除合同而受到的损失有无异议</td><td>无□
有□　事实和理由：</td></tr>
<tr><td>6. 对担保权利的诉请有无异议</td><td>无□
有□　事实和理由：</td></tr>
<tr><td>7. 对实现债权的费用有无异议</td><td>无□
有□　事实和理由：</td></tr>
<tr><td>8. 对其他请求有无异议</td><td>无□
有□　事实和理由：</td></tr>
<tr><td>9. 对标的总额有无异议</td><td>无□
有□　事实和理由：</td></tr>
</table>

续表

<table>
<tr><td>10. 答辩依据</td><td>合同约定：
法律规定：</td></tr>
<tr><td colspan="2">**事实与理由**
（对起诉状事实与理由的确认或者异议）</td></tr>
<tr><td>1. 对合同签订情况（名称、编号、签订时间、地点）有无异议</td><td>无☐
有☐　事实和理由：</td></tr>
<tr><td>2. 对签订主体有无异议</td><td>无☐
有☐　事实和理由：</td></tr>
<tr><td>3. 对租赁物情况有无异议</td><td>无☐
有☐　事实和理由：</td></tr>
<tr><td>4. 对合同约定的租金及支付方式有无异议</td><td>无☐
有☐　事实和理由：</td></tr>
<tr><td>5. 对合同约定的租赁期限、费用有无异议</td><td>无☐
有☐　事实和理由：</td></tr>
<tr><td>6. 对到期后租赁物归属有无异议</td><td>无☐
有☐　事实和理由：</td></tr>
<tr><td>7. 对合同约定的违约责任有无异议</td><td>无☐
有☐　事实和理由：</td></tr>
<tr><td>8. 对是否约定加速到期条款有无异议</td><td>无☐
有☐　事实和理由：</td></tr>
<tr><td>9. 对是否约定回收租赁物条件有无异议</td><td>无☐
有☐　事实和理由：</td></tr>
<tr><td>10. 对是否约定解除合同条件有无异议</td><td>无☐
有☐　事实和理由：</td></tr>
<tr><td>11. 对租赁物交付时间有无异议</td><td>无☐
有☐　事实和理由：</td></tr>
<tr><td>12. 对租赁物情况有无异议</td><td>无☐
有☐　事实和理由：</td></tr>
<tr><td>13. 对租金支付情况有无异议</td><td>无☐
有☐　事实和理由：</td></tr>
<tr><td>14. 对逾期未付租金情况有无异议</td><td>无☐
有☐　事实和理由：</td></tr>
</table>

续表

15. 对是否签订物的担保合同有无异议	无□ 有□　事实和理由：
16. 对担保人、担保物有无异议	无□ 有□　事实和理由：
17. 对最高额抵押担保有无异议	无□ 有□　事实和理由：
18. 对是否办理抵押/质押登记有无异议	无□ 有□　事实和理由：
19. 对是否签订保证合同有无异议	无□ 有□　事实和理由：
20. 对保证方式有无异议	无□ 有□　事实和理由：
21. 对其他担保方式有无异议	无□ 有□　事实和理由：
22. 有无其他免责/减责事由	无□ 有□　事实和理由：
23. 其他需要说明的内容（可另附页）	
24. 证据清单（可另附页）	

答辩人（签字、盖章）：

日期：

实例：

民事起诉状
（融资租赁合同纠纷）

<table>
<tr><td colspan="2">

说明：

为了方便您更好地参加诉讼，保护您的合法权利，请填写本表。

1. 起诉时需向人民法院提交证明您身份的材料，如身份证复印件、营业执照复印件等。

2. 本表所列内容是您提起诉讼以及人民法院查明案件事实所需，请务必如实填写。

3. 本表所涉内容系针对一般融资租赁合同纠纷案件，有些内容可能与您的案件无关，您认为与案件无关的项目可以填“无”或不填；对于本表中勾选项可以在对应项打“√”；您认为另有重要内容需要列明的，可以在本表尾部或者另附页填写。

★特别提示★

《中华人民共和国民事诉讼法》第十三条第一款规定：“民事诉讼应当遵循诚信原则。”

如果诉讼参加人违反上述规定，进行虚假诉讼、恶意诉讼，人民法院将视违法情形依法追究责任。

</td></tr>
<tr><td colspan="2">当事人信息</td></tr>
<tr><td>原告（法人、非法人组织）</td><td>名称：××融资租赁有限公司
住所地（主要办事机构所在地）：天津自贸试验区××路××号
注册地/登记地：天津自贸试验区××路××号
法定代表人/主要负责人：徐××　职务：董事长
联系电话：×××××××××××
统一社会信用代码：911××××××××××
类型：有限责任公司☑　股份有限公司□　上市公司□　其他企业法人□
事业单位□　社会团体□　基金会□　社会服务机构□
机关法人□　农村集体经济组织法人□　城镇农村的合作经济组织法人□　基层群众性自治组织法人□
个人独资企业□　合伙企业□　不具有法人资格的专业服务机构□
国有☑（控股□参股☑）民营□</td></tr>
<tr><td>原告（自然人）</td><td>姓名：
性别：男□　女□
出生日期：　　年　　月　　日
民族：
工作单位：　　　　职务：　　　　联系电话：
住所地（户籍所在地）：
经常居住地：</td></tr>
</table>

续表

委托诉讼代理人	有☑ 姓名：何×× 单位：天津××律师事务所　职务：律师 联系电话：××××××××××× 代理权限：一般授权□　特别授权☑ 无□
送达地址（所填信息除书面特别声明更改外，适用于案件一审、二审、再审所有后续程序）及收件人、联系电话	地址：天津市××区××路××号天津××律师事务所 收件人：何×× 联系电话：×××××××××××
是否接受电子送达（若同意使用电子送达，请在所选送达方式后填写收信地址）	是☑　方式：短信139××××××　微信139××××××　传真______ 邮箱×××@ QQ. COM 其他______ 否□
被告（法人、非法人组织）	名称：龙川公司 住所地（主要办事机构所在地）：龙川县××路矿区 注册地/登记地：龙川县××路矿区 法定代表人/主要负责人：宋××　职务：董事长 联系电话：××××××××××× 统一社会信用代码：911×××××××××××× 类型：有限责任公司☑　股份有限公司□　上市公司□　其他企业法人□ 事业单位□　社会团体□　基金会□　社会服务机构□ 机关法人□　农村集体经济组织法人□　城镇农村的合作经济组织法人□　基层群众性自治组织法人□ 个人独资企业□　合伙企业□　不具有法人资格的专业服务机构□ 国有□（控股□参股□）民营☑
被告（自然人）	姓名：谢×× 性别：男☑　女□ 出生日期：1955 年 1 月 1 日 民族：汉 工作单位：×××公司　职务：总经理　联系电话：××××××××××× 住所地（户籍所在地）：上海市浦东新区××路××弄××号 经常居住地：

续表

第三人（法人、非法人组织）	名称： 住所地（主要办事机构所在地）： 注册地/登记地： 法定代表人/主要负责人：　　　职务：　　　联系电话： 统一社会信用代码： 类型：有限责任公司□　股份有限公司□　上市公司□　其他企业法人□ 事业单位□　社会团体□　基金会□　社会服务机构□ 机关法人□　农村集体经济组织法人□　城镇农村的合作经济组织法人□　基层群众性自治组织法人□ 个人独资企业□　合伙企业□　不具有法人资格的专业服务机构□ 国有□（控股□参股□）民营□
第三人（自然人）	姓名： 性别：男□　女□ 出生日期：　　　年　　月　　日 民族： 工作单位：　　　职务：　　　联系电话： 住所地（户籍所在地）： 经常居住地：
诉讼请求和依据 （原告主张支付全部未付租金时，填写第 1 项至第 3 项；原告主张解除合同时，填写第 4 项、第 5 项；第 6 项至第 10 项为共同项）	
1. 支付全部未付租金	到期未付租金 11127000 元（暂计）、未到期租金 245050312. 50 元、留购价款 10000 元 明细：
2. 违约金、滞纳金、损害赔偿金	截至 2018 年 11 月 15 日止，违约金 214093. 50 元，滞纳金　　元，损害赔偿金　　元；计算标准：按照逾期未付款项每日万分之五，即逾期付款违约金=逾期未付款项 0. 05%逾期付款天数 是否计算至全部款项实际付清之日止　是☑　否□ 明细：
3. 是否确认租赁物归原告所有	是□ 否□
4. 请求解除合同	判令解除融资租赁合同□ 确认融资租赁合同已于　　　年　　月　　日解除□

续表

5. 返还租赁物，并赔偿因解除合同而受到的损失	支付全部未付租金　　元，到期未付租金　　元、未到期租金　　元、留购价款　　元（如约定） 截至　　年　　月　　日止，违约金　　元，滞纳金　　元，损害赔偿金　　元 自　　之后的违约金、滞纳金、损害赔偿金，以　　元为基数按照标准计算至全部款项实际付清之日 明细：
6. 是否主张担保权利	是☑　内容：谢××对龙川公司的上述全部债务承担连带担保责任 否□
7. 是否主张实现债权的费用	是☑　费用明细：律师代理费 200000 元，交通费、食宿等相关费用暂计 20000 元，共计 220000 元 否□
8. 其他请求	本案一切诉讼费、财产保全费、评估费等费用由被告共同承担
9. 标的总额	暂为 256407312. 50 元
10. 请求依据	合同约定：《融资租赁合同》第一条、第三条、第十一条 法律规定：《中华人民共和国合同法》第四十四条、第六十条、第一百零七条，《中华人民共和国物权法》第一百七十九条，《中华人民共和国担保法》第三十三条
约定管辖和诉讼保全	
1. 有无仲裁、法院管辖约定	有☑　合同条款及内容：如发生争议向人民法院提起诉讼 无□
2. 是否申请财产保全措施	已经诉前保全：是□　　保全法院：　　保全时间： 否☑ 申请诉讼保全：是☑ 否□
事实与理由	
1. 合同的签订情况（名称、编号、签订时间、地点等）	2018 年 4 月 3 日，××融资租赁有限公司与龙川公司在××融资租赁有限公司所在地签订《融资租赁合同》
2. 签订主体	出租人（卖方）：××融资租赁有限公司 承租人（买方）：龙川公司

续表

3. 租赁物情况（租赁物的选择、名称、规格、质量、数量等）	龙川公司所有的位于龙川县金属矿的房屋建筑、井巷工程、机器设备、尾矿库工程
4. 合同约定的租金及支付方式	租金2亿元； 以现金□转账☑票据□______（写明票据类型）其他□______方式一次性□分期☑支付 分期方式：按照不等额还租法向××融资租赁有限公司支付租金，每3个月支付一次，共计20期
5. 合同约定的租赁期限、费用	租赁期间自2018年4月11日起2023年4月15日止 除租金外产生的　　费用，由　　承担
6. 到期后租赁物归属	归承租人所有☑ 归出租人所有□ 留购价款10000元
7. 合同约定的违约责任	根据《××融资租赁合同》第六款6.3约定，龙川公司应就逾期未付款项按日万分之五支付违约金，直至全部付清之日止
8. 是否约定加速到期条款	是□　具体内容： 否□
9. 是否约定回收租赁物条件	是□　具体内容： 否□
10. 是否约定解除合同条件	是□　具体内容： 否□
11. 租赁物交付时间	于2018年4月11日交付租赁物
12. 租赁物情况	质量符合约定或者承租人的使用目的☑ 存在瑕疵□　　具体情况：
13. 租金支付情况	自2018年4月日至2018年7月15日，按约定缴纳租金，已付第1期、第2期租金11993999元，逾期但已支付租金666999元 明细：
14. 逾期未付租金情况	自2018年7月15日起，开始欠付租金，截至2018年11月15日，欠付租金11127000元、违约金214093.50元，滞纳金　　元，损害赔偿金　　元，共计11341093.5元（暂计） 明细：
15. 是否签订物的担保（抵押、质押）合同	是☑　签订时间：2018年4月3日签订《抵押合同》 否□

续表

16. 担保人、担保物	担保人：谢×× 担保物：商品房一处，不动产权证为粤（2018）广州市不动产权第××号
17. 是否最高额担保（抵押、质押）	是☐　担保债权的确定时间： 　　　担保额度： 否☑
18. 是否办理抵押、质押登记	是☑　正式登记☑ 　　　预告登记☐ 否☐
19. 是否签订保证合同	是☐　　签订时间：　　保证人： 　　　　主要内容： 否☑
20. 保证方式	一般保证　☐ 连带责任保证☐
21. 其他担保方式	是☐　形式： 否☑
22. 其他需要说明的内容（可另附页）	
23. 证据清单（可另附页）	后附证据清单

具状人（签字、盖章）：

日期：

民事答辩状
（融资租赁合同纠纷）

<table>
<tr><td colspan="4">

说明：

为了方便您更好地参加诉讼，保护您的合法权利，请填写本表。

1. 应诉时需向人民法院提交证明您身份的材料，如身份证复印件、营业执照复印件等。

2. 本表所列内容是您参加诉讼以及人民法院查明案件事实所需，请务必如实填写。

3. 本表所涉内容系针对一般融资租赁合同纠纷案件，有些内容可能与您的案件无关，您认为与案件无关的项目可以填“无”或不填；对于本表中勾选项可以在对应项打“√”；您认为另有重要内容需要列明的，可以在本表尾部或者另附页填写。

★特别提示★

《中华人民共和国民事诉讼法》第十三条第一款规定：“民事诉讼应当遵循诚信原则。”

如果诉讼参加人违反上述规定，进行虚假诉讼、恶意诉讼，人民法院将视违法情形依法追究责任。

</td></tr>
<tr><td>案号</td><td>（2018）津民初×××号</td><td>案由</td><td>融资租赁合同纠纷</td></tr>
<tr><td colspan="4">当事人信息</td></tr>
<tr><td>答辩人（法人、非法人组织）</td><td colspan="3">名称：龙川公司
住所地（主要办事机构所在地）：龙川县××路矿区
注册地/登记地：龙川县××路矿区
法定代表人/主要负责人：宋×× 职务：董事长
联系电话：×××××××××××
统一社会信用代码：911××××××××××××
类型：有限责任公司☑ 股份有限公司□ 上市公司□ 其他企业法人□
事业单位□ 社会团体□ 基金会□ 社会服务机构□
机关法人□ 农村集体经济组织法人□ 城镇农村的合作经济组织法人□ 基层群众性自治组织法人□
个人独资企业□ 合伙企业□ 不具有法人资格的专业服务机构□
国有□（控股□参股□）民营☑</td></tr>
<tr><td>答辩人（自然人）</td><td colspan="3">姓名：谢××
性别：男☑ 女□
出生日期：1955 年 1 月 1 日
民族：汉
工作单位：×××公司 职务：总经理 联系电话：×××××××××××
住所地（户籍所在地）：上海市浦东新区××路××弄××号
经常居住地：</td></tr>
</table>

续表

<table>
<tr><td>委托诉讼代理人</td><td>有☑
　　姓名：薛××
　　单位：天津××律师事务所　职务：律师
　　联系电话：×××××××××××
　　代理权限：一般代理□　特别代理☑
无□</td></tr>
<tr><td>送达地址（所填信息除书面特别声明更改外，适用于案件一审、二审、再审所有后续程序）及收件人、联系电话</td><td>地址：天津市××区××路3号天津××律师事务所
收件人：薛××
联系电话：×××××××××××</td></tr>
<tr><td>是否接受电子送达（若同意使用电子送达，请在所选送达方式后填写收信地址）</td><td>是☑　方式：短信______　微信______　传真______
　　　　　邮箱×××@QQ.COM 其他______
否□</td></tr>
<tr><td colspan="2">答辩事项
（对原告诉讼请求的确认或者异议）</td></tr>
<tr><td>1. 对支付全部未付租金的诉请有无异议</td><td>无□
有☑　事实和理由：原告请求支付的到期未付租金数额不正确，未到期租金中包含未到期利息，不同意支付未到期租金以及利息</td></tr>
<tr><td>2. 对违约金、滞纳金、损害赔偿金有无异议</td><td>无□
有☑　事实和理由：原告主张的逾期付款违约金过高，请求法院依法调整</td></tr>
<tr><td>3. 对确认租赁物归原告所有有无异议</td><td>无□
有□　事实和理由：</td></tr>
<tr><td>4. 对解除合同有无异议</td><td>无□
有□　事实和理由：</td></tr>
<tr><td>5. 对返还租赁物，并赔偿因解除合同而受到的损失有无异议</td><td>无□
有□　事实和理由：</td></tr>
<tr><td>6. 对担保权利的诉请有无异议</td><td>无□
有☑　事实和理由：不应对未到期租金承担担保责任</td></tr>
<tr><td>7. 对实现债权的费用有无异议</td><td>无□
有☑　事实和理由：不同意支付律师代理费、交通费等</td></tr>
</table>

续表

8. 对其他请求有无异议	无□ 有□　事实和理由：
9. 对标的总额有无异议	无□ 有☑　事实和理由：同第1项异议
10. 答辩依据	合同约定： 法律规定：《中华人民共和国合同法》第一百一十四条
事实和理由 （对起诉状事实和理由的确认或者异议）	
1. 对合同签订情况（名称、编号、签订时间、地点等）有无异议	无☑ 有□　事实和理由：
2. 对签订主体有无异议	无☑ 有□　事实和理由：
3. 对租赁物情况有无异议	无☑ 有□　事实和理由：
4. 对合同约定的租金及支付方式有无异议	无☑ 有□　事实和理由：
5. 对合同约定的租赁期限、费用有无异议	无☑ 有□　事实和理由：
6. 对到期后租赁物归属有无异议	无☑ 有□　事实和理由：
7. 对合同约定的违约责任有无异议	无□ 有☑　事实和理由：约定违约金标准过高
8. 对是否约定加速到期条款有无异议	无□ 有□　事实和理由：
9. 对是否约定回收租赁物条件有无异议	无☑ 有□　事实和理由：
10. 对是否约定解除合同条件有无异议	无□ 有□　事实和理由：
11. 对租赁物交付时间有无异议	无☑ 有□　事实和理由：

续表

12. 对租赁物情况有无异议	无☑ 有□　事实和理由：
13. 对租金支付情况有无异议	无☑ 有□　事实和理由：
14. 对逾期未付租金情况有无异议	无□ 有☑　事实和理由：数额不正确，且包含了未到期利息，不同意提前支付利息
15. 对是否签订物的担保合同有无异议	无☑ 有□　事实和理由：
16. 对担保人、担保物有无异议	无☑ 有□　事实和理由：
17. 对最高额抵押担保有无异议	无□ 有□　事实和理由：
18. 对是否办理抵押/质押登记有无异议	无☑ 有□　事实和理由：
19. 对是否签订保证合同有无异议	无□ 有□　事实和理由：
20. 对保证方式有无异议	无□ 有□　事实和理由：
21. 对其他担保方式有无异议	无□ 有□　事实和理由：
22. 有无其他免责/减责事由	无□ 有□　事实和理由：
23. 其他需要说明的内容（可另附页）	
24. 证据清单（可另附页）	

答辩人（签字、盖章）：

龙川公司　宋××

谢××

日期：××年××月××日

民事起诉状
（保证保险合同纠纷）

<table>
<tr><td colspan="2">

说明：

为了方便您更好地参加诉讼，保护您的合法权利，请填写本表。

1. 起诉时需向人民法院提交证明您身份的材料，如身份证复印件、营业执照复印件等。

2. 本表所列内容是您提起诉讼以及人民法院查明案件事实所需，请务必如实填写。

3. 本表所涉内容系针对一般保证保险合同纠纷案件，有些内容可能与您的案件无关，您认为与案件无关的项目可以填“无”或不填；对于本表中勾选项可以在对应项打“√”；您认为另有重要内容需要列明的，可以在本表尾部或者另附页填写。

★特别提示★

《中华人民共和国民事诉讼法》第十三条第一款规定：“民事诉讼应当遵循诚信原则。”

如果诉讼参加人违反上述规定，进行虚假诉讼、恶意诉讼，人民法院将视违法情形依法追究责任。

</td></tr>
<tr><td colspan="2">

当事人信息

</td></tr>
<tr><td>原告（法人、非法人组织）</td><td>名称：
住所地（主要办事机构所在地）：
注册地/登记地：
法定代表人/主要负责人：　　　职务：　　　联系电话：
统一社会信用代码：
类型：有限责任公司□　股份有限公司□　上市公司□　其他企业法人□
事业单位□　社会团体□　基金会□　社会服务机构□
机关法人□　农村集体经济组织法人□　城镇农村的合作经济组织法人□　基层群众性自治组织法人□
个人独资企业□　合伙企业□　不具有法人资格的专业服务机构□
国有□（控股□参股□）民营□</td></tr>
<tr><td>委托诉讼代理人</td><td>有□
姓名：
单位：　　　职务：　　　联系电话：
代理权限：一般授权□　特别授权□
无□</td></tr>
</table>

续表

送达地址（所填信息除书面特别声明更改外，适用于案件一审、二审、再审所有后续程序）及收件人、联系电话	地址： 收件人： 电话：
是否接受电子送达	是□　方式：短信______ 微信______ 传真______ 邮箱______ 其他______ 否□
被告（法人、非法人组织）	名称： 住所地（主要办事机构所在地）： 注册地/登记地： 法定代表人/主要负责人：　　职务：　　联系电话： 统一社会信用代码： 类型：有限责任公司□　股份有限公司□　上市公司□　其他企业法人□ 事业单位□　社会团体□　基金会□　社会服务机构□ 机关法人□　农村集体经济组织法人□　城镇农村的合作经济组织法人□　基层群众性自治组织法人□ 个人独资企业□　合伙企业□　不具有法人资格的专业服务机构□ 国有□（控股□参股□）民营□
被告（自然人）	姓名： 性别：男□　女□ 出生日期：　　年　　月　　日　　民族： 工作单位：　　职务：　　联系电话： 住所地（户籍所在地）： 经常居住地：

续表

<table>
<tr><td>第三人（法人、非法人组织）</td><td>名称：
住所地（主要办事机构所在地）：
注册地/登记地：
法定代表人/主要负责人：　　　职务：　　　联系电话：
统一社会信用代码：
类型：有限责任公司□　股份有限公司□　上市公司□　其他企业法人□
事业单位□　社会团体□　基金会□　社会服务机构□
机关法人□　农村集体经济组织法人□　城镇农村的合作经济组织法人□　基层群众性自治组织法人□
个人独资企业□　合伙企业□　不具有法人资格的专业服务机构□
国有□（控股□参股□）民营□</td></tr>
<tr><td>第三人（自然人）</td><td>姓名：
性别：男□　女□
出生日期：　　年　　月　　日　　　民族：
工作单位：　　　职务：　　　联系电话：
住所地（户籍所在地）：
经常居住地：</td></tr>
<tr><td colspan="2" align="center">诉讼请求和依据</td></tr>
<tr><td>1. 理赔款</td><td>支付理赔款　　元（人民币，下同；如外币需特别注明）；</td></tr>
<tr><td>2. 保险费、违约金等</td><td>截至　　年　　月　　日止，欠保险费、违约金等共计　　元
自　　年　月　　日之后的保险费、违约金等各项费用按照保证保险合同约定计算至实际清偿之日止
明细：</td></tr>
<tr><td>3. 是否主张实现债权的费用</td><td>是□　费用明细：
否□</td></tr>
<tr><td>4. 其他请求</td><td></td></tr>
<tr><td>5. 标的总额</td><td></td></tr>
<tr><td>6. 请求依据</td><td>合同约定：
法律规定：</td></tr>
<tr><td colspan="2" align="center">约定管辖和诉讼保全</td></tr>
</table>

续表

1. 有无仲裁、法院管辖约定	有□　合同条款及内容： 无□
2. 是否申请财产保全措施	已经诉前保全：是□　　保全法院：　　保全时间： 否□ 申请诉讼保全：是□ 否□
事实与理由	
1. 保证保险合同的签订情况（合同名称、主体、签订时间、地点行等）	
2. 保证保险合同的主要约定	保证保险金额： 保费金额： 保险期间： 保险费缴纳方式： 理赔条件： 理赔款项和未付保费的追索： 违约事由及违约责任： 特别约定： 其他：
3. 是否对被告就保证保险合同主要条款进行提示注意、说明	是□　提示说明的具体方式以及时间地点： 否□
4. 被告借款合同的主要约定（借款金额、期限、用途、利息标准、还款方式、担保、违约责任、解除条件、管辖约定）	
5. 被告逾期未还款情况	自　　年　　月　　日至　　年　　月　　日，被告按约定还款，已还款　　元，逾期但已还款　　元，共归还本金　　元，利息　　元 自　　年　　月　　日起，开始逾期不还，截至　　年　　月　　日，被告　　欠付借款本金　　元、利息　　元、罚息　　元、复利　　元、滞纳金　　元、违约金　　元、手续费　　元 明细：

续表

6. 保证保险合同的履行情况	原告于　　年　　月　　日进行了理赔，代被告清偿债务，共赔款　　元，于　　年　　月　　日取得权益转让确认书
7. 追索情况	原告于　　年　　月　　日通知被告并向其追索 被告已支付保费　　元，归还借款　　元；尚欠保费　　元，欠付借款本金　　元、利息　　元、罚息　　元、复利　　元、滞纳金　　元、违约金　　元、手续费　　元 明细：
8. 其他需要说明的内容（可另附页）	
9. 证据清单（可另附页）	

具状人（签字、盖章）：

日期：

民事答辩状
（保证保险合同纠纷）

<table>
<tr><td colspan="4">

说明：

为了方便您更好地参加诉讼，保护您的合法权利，请填写本表。

1. 应诉时需向人民法院提交证明您身份的材料，如身份证复印件、营业执照复印件等。

2. 本表所列内容是您参加诉讼以及人民法院查明案件事实所需，请务必如实填写。

3. 本表所涉内容系针对一般保证保险合同纠纷案件，有些内容可能与您的案件无关，您认为与案件无关的项目可以填“无”或不填；对于本表中勾选项可以在对应项打“√”；您认为另有重要内容需要列明的，可以在本表尾部或者另附页填写。

★特别提示★

《中华人民共和国民事诉讼法》第十三条第一款规定：“民事诉讼应当遵循诚信原则。”

如果诉讼参加人违反上述规定，进行虚假诉讼、恶意诉讼，人民法院将视违法情形依法追究责任。

</td></tr>
<tr><td>案号</td><td></td><td>案由</td><td></td></tr>
<tr><td colspan="4">**当事人信息**</td></tr>
<tr><td>答辩人（法人、非法人组织）</td><td colspan="3">名称：
住所地（主要办事机构所在地）：
注册地/登记地：
法定代表人/主要负责人： 职务： 联系电话：
统一社会信用代码：
类型：有限责任公司□ 股份有限公司□ 上市公司□ 其他企业法人□
事业单位□ 社会团体□ 基金会□ 社会服务机构□
机关法人□ 农村集体经济组织法人□ 城镇农村的合作经济组织法人□ 基层群众性自治组织法人□
个人独资企业□ 合伙企业□ 不具有法人资格的专业服务机构□
国有□（控股□参股□）民营□</td></tr>
<tr><td>答辩人（自然人）</td><td colspan="3">姓名：
性别：男□ 女□
出生日期： 年 月 日 民族：
工作单位： 职务： 联系电话：
住所地（户籍所在地）：
经常居住地：</td></tr>
</table>

续表

<table>
<tr><td>委托诉讼代理人</td><td>有☐
姓名：
单位： 职务： 联系电话：
代理权限：一般授权☐ 特别授权☐
无☐</td></tr>
<tr><td>送达地址（所填信息除书面特别声明更改外，适用于案件一审、二审、再审所有后续程序）及收件人、联系电话</td><td>地址：
收件人：
电话：</td></tr>
<tr><td>是否接受电子送达</td><td>是☐ 方式：短信______ 微信______ 传真______ 邮箱______
其他______
否☐</td></tr>
<tr><td colspan="2">答辩事项和依据
（对原告诉讼请求的确认或者异议）</td></tr>
<tr><td>1. 对理赔款有无异议</td><td>无☐
有☐ 事实和理由：</td></tr>
<tr><td>2. 对保险费、违约金等有无异议</td><td>无☐
有☐ 事实和理由：</td></tr>
<tr><td>3. 对实现债权的费用有无异议</td><td>无☐
有☐ 事实和理由：</td></tr>
<tr><td>4. 对其他请求有无异议</td><td>无☐
有☐ 事实和理由：</td></tr>
<tr><td>5. 对标的总额有无异议</td><td>无☐
有☐ 事实和理由：</td></tr>
<tr><td>6. 答辩依据</td><td>合同约定：
法律规定：</td></tr>
<tr><td colspan="2">事实和理由
（对起诉状事实与理由的确认或者异议）</td></tr>
<tr><td>1. 对保证保险合同的签订情况有无异议</td><td>无☐
有☐ 事实和理由：</td></tr>
<tr><td>2. 对保证保险合同的主要约定有无异议</td><td>无☐
有☐ 事实和理由：</td></tr>
</table>

续表

3. 对原告对被告就保证保险合同主要条款进行提示注意、说明的情况有无异议	无□ 有□　事实和理由：
4. 对被告借款合同的主要约定有无异议	无□ 有□　事实和理由：
5. 对被告逾期未还款情况有无异议	无□ 有□　事实和理由：
6. 对保证保险合同的履行情况有无异议	无□ 有□　事实和理由：
7. 对追索情况有无异议	无□ 有□　事实和理由：
8. 有无其他免责/减责事由	无□ 有□　事实和理由：
9. 其他需要说明的内容（可另附页）	
10. 证据清单（可另附页）	

答辩人（签字、盖章）：

日期：

实例：

民事起诉状
（保证保险合同纠纷）

<table>
<tr><td colspan="2">

说明：

为了方便您更好地参加诉讼，保护您的合法权利，请填写本表。

1. 起诉时需向人民法院提交证明您身份的材料，如身份证复印件、营业执照复印件等。

2. 本表所列内容是您提起诉讼以及人民法院查明案件事实所需，请务必如实填写。

3. 本表所涉内容系针对一般保证保险合同纠纷案件，有些内容可能与您的案件无关，您认为与案件无关的项目可以填“无”或不填；对于本表中勾选项可以在对应项打“√”；您认为另有重要内容需要列明的，可以在本表尾部或者另附页填写。

★特别提示★

《中华人民共和国民事诉讼法》第十三条第一款规定：“民事诉讼应当遵循诚信原则。”

如果诉讼参加人违反上述规定，进行虚假诉讼、恶意诉讼，人民法院将视违法情形依法追究责任。

</td></tr>
<tr><td colspan="2">

当事人信息

</td></tr>
<tr><td>原告</td><td>

名称：××财产保险股份有限公司
住所地（主要办事机构所在地）：广东省深圳市××区××路
注册地/登记地：广东省深圳市××区××路
法定代表人/主要负责人：孙××　职务：执行董事
联系电话：×××××××××
统一社会信用代码：
类型：有限责任公司□　股份有限公司☑　上市公司□　其他企业法人□
事业单位□　社会团体□　基金会□　社会服务机构□
机关法人□　农村集体经济组织法人□　城镇农村的合作经济组织法人□　基层群众性自治组织法人□
个人独资企业□　合伙企业□　不具有法人资格的专业服务机构□
国有□（控股☑参股□）民营□

</td></tr>
<tr><td>委托诉讼代理人</td><td>

有☑
姓名：张××
单位：北京××律师事务所　职务：律师
联系电话：×××××××××××
代理权限：一般授权□　特别授权☑
无□

</td></tr>
</table>

续表

送达地址（所填信息除书面特别声明更改外，适用于案件一审、二审、再审所有后续程序）及收件人、联系电话	地址：北京市××区××街道北京××律师事务所 收件人：张×× 联系电话：×××××××××××
是否接受电子送达	是☑ 方式：短信______ 微信______ 传真______ 邮箱×××@QQ.COM 其他______ 否□
被告（法人、非法人组织）	名称： 住所地（主要办事机构所在地）： 注册地/登记地： 法定代表人/主要负责人： 职务： 联系电话： 统一社会信用代码： 类型：有限责任公司□ 股份有限公司□ 上市公司□ 其他企业法人□ 事业单位□ 社会团体□ 基金会□ 社会服务机构□ 机关法人□ 农村集体经济组织法人□ 城镇农村的合作经济组织法人□ 基层群众性自治组织法人□ 个人独资企业□ 合伙企业□ 不具有法人资格的专业服务机构□ 国有□（控股□参股□）民营□
被告（自然人）	姓名：杜×× 性别：男☑ 女□ 出生日期：19××年××月××日 民族：×族 工作单位：××公司 职务：职员 联系电话：××××××××××× 住所地（户籍所在地）：北京市××区××街××号 经常居住地：北京市××区××街××号

续表

第三人（法人、非法人组织）	名称： 住所地（主要办事机构所在地）： 注册地/登记地： 法定代表人/主要负责人：　　职务：　　联系电话： 统一社会信用代码： 类型：有限责任公司□　股份有限公司□　上市公司□　其他企业法人□ 事业单位□　社会团体□　基金会□　社会服务机构□ 机关法人□　农村集体经济组织法人□　城镇农村的合作经济组织法人□　基层群众性自治组织法人□ 个人独资企业□　合伙企业□　不具有法人资格的专业服务机构□ 国有□（控股□参股□）民营□
诉讼请求和依据	
1. 理赔款	643035.61 元（人民币，下同）
2. 保险费、违约金等	截至 20××年××月××日止，欠保险费共计 3559.84 元、滞纳金　元；自 20××年××月××日之后的保险费、滞纳金等各项费用按照保证保险合同约定计算至实际清偿之日止 明细：每笔滞纳金以相应代偿款为基数，自 2022 年 4 月 15 日起按全国银行间同业拆借中心发布的一年期贷款市场报价利率（LPR）4 倍计算至实际清偿之日止）理赔金额（元）＊0.12%/30 日＊逾期日+理赔金额（元）＊0.063%＝3559.84 元
3. 是否主张实现债权的费用	是☑　费用明细：律师费 7000 元 否□
4. 其他请求	判令原告就位于北京市通州区房产（房屋产权证号：×京房权证通字第×号）的拍卖、变卖所得款在上述诉讼请求范围内享有优先受偿权；诉讼费由被告承担
5. 标的总额	653595.45 元（计至起诉时）
6. 请求依据	合同约定：《关于保证保险业务及债务清偿安排之协议书》第 3 条、第 10 条 法律规定：《中华人民共和国民法典》第四百一十条、第四百一十三条、第四百二十条、第五百七十七条、第六百七十四条、第六百七十五条、第六百七十六条；《中华人民共和国保险法》第六十条；《最高人民法院关于适用〈中华人民共和国保险法〉若干问题的解释（四）》第八条等

续表

约定管辖和诉讼保全	
1. 有无仲裁、法院管辖约定	有☑ 合同条款及内容：第 12 条 发生纠纷诉至人民法院解决 无□
2. 是否申请财产保全措施	已经诉前保全：是□ 否□ 保全法院： 保全时间： 申请诉讼保全：是☑ 否□
事实和理由	
1. 保证保险合同的签订情况（合同名称、主体、签订时间、地点行等）	2019 年 3 月 22 日××财险公司与杜××在公司营业地签署《关于保证保险业务及债务清偿安排之协议书》
2. 保证保险合同的主要约定	保证保险金额：累计最高不超过 132 万元 保费金额：保险费月缴，每月费率 0. 12% 保险期间：自个人借款合同项下借款发放之日起，至个人借款合同约定的清偿全部借款本息之日止，最长不超过 3 年 保险费缴纳方式：现金支付 理赔条件：超过 90 日未向债权人偿还借款，由保险人进行理赔 理赔款项和未付保费的追索：被保险借款的本金、利息、罚息、费用等 违约事由及违约责任：杜某某超过 90 日未偿还借款，保险人代为理赔 特别约定： 其他：
3. 是否对被告就保证保险合同主要条款进行提示注意、说明	是☑ 提示说明的具体方式以及时间地点：《协议》第八条黑体加粗部分特别提示：投保人拖欠任何一期借款达到 80 天，保险人依据保险合同约定向被保险人进行理赔 否□
4. 被告借款合同的主要约定（借款金额、期限、用途、利息标准、还款方式、担保、违约责任、解除条件、管辖约定等）	2019 年 3 月，出借人××信托公司与借款人杜××签订《个人贷款授信额度合同》，约定××信托公司为杜××在授信额度内提供循环借款。双方签订了 2 份《借款合同》，借款金额分别为 499000 元、426000 元，借款年利率均为 9. 2%

续表

5. 被告逾期未还款情况	就 499000 元借款合同，杜××正常还款至第 17 期（2022 年 1 月 3 日），第 18 期开始逾期还款，数额为 387162.77 元。就 426000 元借款合同，杜××正常还款至第 16 期（2022 年 2 月 22 日），第 17 期开始逾期还款 明细：
6. 保证保险合同的履行情况	2022 年 4 月 15 日，××财险公司向××信托公司转账 387162.77 元。2022 年 4 月 15 日，××财险公司向××信托公司转账 255872.84 元。共赔款 643035.61 元
7. 追索情况	2022 年 4 月 16 日、17 日，××财险公司系统先后向杜××发送通知，告知杜××前述代偿事实 明细：
8. 其他需要说明的内容（可另附页）	
9. 证据清单（可另附页）	后附证据清单

具状人（签字、盖章）：

××财产保险股份有限公司　孙××

日期：××年××月××日

民事答辩状
（保证保险合同纠纷）

<table>
<tr><td colspan="4">

说明：

为了方便您更好地参加诉讼，保护您的合法权利，请填写本表。

1. 应诉时需向人民法院提交证明您身份的材料，如身份证复印件、营业执照复印件等。

2. 本表所列内容是您参加诉讼以及人民法院查明案件事实所需，请务必如实填写。

3. 本表所涉内容系针对一般保证保险合同纠纷案件，有些内容可能与您的案件无关，您认为与案件无关的项目可以填“无”或不填；对于本表中勾选项可以在对应项打“√”；您认为另有重要内容需要列明的，可以在本表尾部或者另附页填写。

★特别提示★

《中华人民共和国民事诉讼法》第十三条第一款规定：“民事诉讼应当遵循诚信原则。”

如果诉讼参加人违反上述规定，进行虚假诉讼、恶意诉讼，人民法院将视违法情形依法追究责任。

</td></tr>
<tr><td>案号</td><td>（2022）京××民初××号</td><td>案由</td><td>保证保险合同纠纷</td></tr>
<tr><td colspan="4">**当事人信息**</td></tr>
<tr><td>答辩人（法人、非法人组织）</td><td colspan="3">名称：
住所地（主要办事机构所在地）：
注册地/登记地：
法定代表人/主要负责人：　　　职务：　　　联系电话：
统一社会信用代码：
类型：有限责任公司□　股份有限公司□　上市公司□　其他企业法人□
事业单位□　社会团体□　基金会□　社会服务机构□
机关法人□　农村集体经济组织法人□　城镇农村的合作经济组织法人□　基层群众性自治组织法人□
个人独资企业□　合伙企业□　不具有法人资格的专业服务机构□
国有□（控股□参股□）民营□</td></tr>
<tr><td>答辩人（自然人）</td><td colspan="3">姓名：杜××
性别：男☑　女□
出生日期：19××年××月××日
民族：×族
工作单位：××公司　职务：职员　联系电话：×××××××××××
住所地（户籍所在地）：北京市××区××街××号
经常居住地：北京市××区××街××号</td></tr>
</table>

续表

委托诉讼代理人	有☐ 姓名： 单位：　　　　　职务：　　　　　联系电话： 代理权限：一般授权☐　特别授权☐ 无☑
送达地址（所填信息除书面特别声明更改外，适用于案件一审、二审、再审所有后续程序）及收件人、联系电话	地址：北京市××区××街××号 收件人：杜×× 联系电话：×××××××××××
是否接受电子送达	是☑　方式：短信______　微信 139×××××× 传真______ 邮箱______　其他______ 否☐
答辩事项和依据 **（对原告诉讼请求的确认或者异议）**	
1. 对理赔款有无异议	无☐ 有☑　事实和理由：不能确认原告已经支付的理赔款数额；从2019年4月25日开始被告已经还款196万元，本金基本已还清
2. 对保险费、违约金等有无异议	无☐ 有☑　事实和理由：原告各项费率约定过高
3. 对实现债权的费用有无异议	无☐ 有☑　事实和理由：原告聘请律师享受法律服务，应自负律师费
4. 对其他请求有无异议	无☐ 有☐　事实和理由：
5. 对标的总额有无异议	无☐ 有☑　事实和理由：答辩人已将本金基本还清，部分款项被原告截留，应当予以扣减
6. 答辩依据	合同约定：《关于保证保险业务及债务清偿安排之协议书》 法律规定：《中华人民共和国保险法》
事实和理由 **（对起诉状事实与理由的确认或者异议）**	
1. 对保证保险合同的签订情况有无异议	无☑ 有☐　事实和理由：

续表

2. 对保证保险合同的主要约定有无异议	无□ 有☑　事实和理由：合同约定的滞纳金标准过高
3. 对原告对被告就保证保险合同主要条款进行提示注意、说明的情况有无异议	无□ 有☑　事实和理由：签订协议时相关费率约定并未明确提示
4. 对被告借款合同的主要约定有无异议	无□ 有☑　事实和理由：合同约定的各项费率标准过高；答辩人除了和××信托公司线下签了一个借款合同，其余全是线上签订，原告提交的 5 个合同中，其中有 2 个合同上的签字不是答辩人本人所签，借款合同是否有效不能确定
5. 对被告逾期未还款情况有无异议	无□ 有☑　事实和理由：答辩人已将本金基本还清
6. 对保证保险合同的履行情况有无异议	无□ 有☑　事实和理由：原告是否已支付理赔款不能确定
7. 对追索情况有无异议	无□ 有☑　事实和理由：答辩人未收到原告追索相关信息
8. 有无其他免责/减责事由	无□ 有□　事实和理由：
9. 其他需要说明的内容（可另附页）	债权人××信托公司是否具备向社会不特定对象发放贷款的资质不能确认，答辩人与债权人之间的借款合同无效
10. 证据清单（可另附页）	

答辩人（签字、盖章）：杜××

日期：××年××月××日

民事起诉状
（证券虚假陈述责任纠纷）

<table>
<tr><td colspan="2">

说明：

为了方便您更好地参加诉讼，保护您的合法权利，请填写本表。

1. 起诉时需向人民法院提交证明您身份的材料，如身份证复印件、营业执照复印件等。

2. 本表所列内容是您提起诉讼以及人民法院查明案件事实所需，请务必如实填写。

3. 本表所涉内容系针对一般证券虚假陈述责任纠纷案件，有些内容可能与您的案件无关，您认为与案件无关的项目可以填“无”或不填；对于本表中勾选项可以在对应项打“√”；您认为另有重要内容需要列明的，可以在本表尾部或者另附页填写。

★特别提示★

《中华人民共和国民事诉讼法》第十三条第一款规定：“民事诉讼应当遵循诚信原则。”

如果诉讼参加人违反上述规定，进行虚假诉讼、恶意诉讼，人民法院将视违法情形依法追究责任。

</td></tr>
<tr><td colspan="2" align="center">当事人信息</td></tr>
<tr><td>原告（自然人）</td><td>姓名：
性别：男□　女□
出生日期：　　年　　月　　日
民族：
工作单位：　　　　职务：　　　　联系电话：
住所地（户籍所在地）：
经常居住地：</td></tr>
<tr><td>原告（法人、非法人组织）</td><td>名称：
住所地（主要办事机构所在地）：
注册地/登记地：
法定代表人/主要负责人：　　职务：　　联系电话：
统一社会信用代码：
类型：有限责任公司□　股份有限公司□　上市公司□　其他企业法人□
事业单位□　社会团体□　基金会□　社会服务机构□
机关法人□　农村集体经济组织法人□　城镇农村的合作经济组织法人□　基层群众性自治组织法人□
个人独资企业□　合伙企业□　不具有法人资格的专业服务机构□
国有□（控股□参股□）民营□</td></tr>
</table>

续表

委托诉讼代理人	有☐ 　　姓名： 　　单位：　　　　　　职务：　　　　　　联系电话： 　　代理权限：一般授权☐　特别授权☐ 无☐
送达地址（所填信息除书面特别声明更改外，适用于案件一审、二审、再审所有后续程序）及收件人、联系电话	地址： 收件人： 电话：
是否接受电子送达	是☐　方式：短信______　微信______　传真______　邮箱______ 　　　　　　其他______ 否☐
被告（法人、非法人组织）	名称： 住所地（主要办事机构所在地）： 注册地/登记地： 法定代表人/主要负责人：　　　职务：　　　联系电话： 统一社会信用代码： 类型：有限责任公司☐　股份有限公司☐　上市公司☐　其他企业法人☐ 　　事业单位☐　社会团体☐　基金会☐　社会服务机构☐ 　　机关法人☐　农村集体经济组织法人☐　城镇农村的合作经济组织法人☐　基层群众性自治组织法人☐ 　　个人独资企业☐　合伙企业☐　不具有法人资格的专业服务机构☐ 　　国有☐（控股☐参股☐）民营☐
被告（自然人）	姓名： 性别：男☐　女☐ 出生日期：　　　年　　月　　日　　　　民族： 工作单位：　　　　　职务：　　　　　联系电话： 住所地（户籍所在地）： 经常居住地：

续表

第三人（法人、非法人组织）	名称： 住所地（主要办事机构所在地）： 注册地/登记地： 法定代表人/主要负责人：　　　　职务：　　　　联系电话： 统一社会信用代码： 类型：有限责任公司□　股份有限公司□　上市公司□　其他企业法人□ 事业单位□　社会团体□　基金会□　社会服务机构□ 机关法人□　农村集体经济组织法人□　城镇农村的合作经济组织法人□　基层群众性自治组织法人□ 个人独资企业□　合伙企业□　不具有法人资格的专业服务机构□ 国有□（控股□参股□）民营□
第三人（自然人）	姓名： 性别：男□　女□ 出生日期：　　　年　　月　　日 民族： 工作单位：　　　　职务：　　　　联系电话： 住所地（户籍所在地）： 经常居住地：
诉讼请求和依据	
1. 赔偿因虚假陈述导致的损失	投资差额损失　　元、佣金损失　　元、印花税损失　　元（人民币，下同；如外币需特别注明）
2. 是否主张连带责任	是□　责任主体及责任范围： 否□
3. 是否主张实现债权的费用	是□　费用明细： 否□
4. 其他请求	
5. 标的总额	
6. 请求依据	合同约定： 法律规定：
约定管辖和诉讼保全	
1. 有无仲裁、法院管辖约定	有□　合同条款及内容： 无□

续表

2. 是否申请财产保全措施	已经诉前保全：是□　　保全法院：　　保全时间： 否□ 申请诉讼保全：是□ 否□
事实和理由	
1. 被告存在虚假陈述行为的情况	具体虚假陈述行为： 虚假陈述行为实施日： 虚假陈述行为揭露日： 虚假陈述行为更正日： 虚假陈述基准日：
2. 有无监管部门的认定、处罚	有□　具体情况： 无□
3. 原告交易情况	买入情况（日期、数量、单价）： 卖出情况（日期、数量、单价）：
4. 虚假陈述的重大性	
5. 虚假陈述与原告交易行为之间的因果关系	
6. 虚假陈述与原告损失之间的因果关系	
7. 原告损失情况	因虚假陈述所造成的投资差额损失： 佣金和印花税损失： 其他： 明细：
8. 请求发行人的控股股东、实际控制人、董监高、相关责任人员承担连带责任的情况	
9. 请求保荐机构、承销机构、律师事务所、会计师事务所等其他机构及其相关责任人员承担连带责任的情况	

续表

10. 其他需要说明的内容（可另附页）	
11. 证据清单（可另附页）	

具状人（签字、盖章）：

日期：

民事答辩状
（证券虚假陈述责任纠纷）

<table>
<tr><td colspan="4">说明：
为了方便您更好地参加诉讼，保护您的合法权利，请填写本表。
1. 应诉时需向人民法院提交证明您身份的材料，如身份证复印件、营业执照复印件等。
2. 本表所列内容是您参加诉讼以及人民法院查明案件事实所需，请务必如实填写。
3. 本表所涉内容系针对一般证券虚假陈述责任纠纷案件，有些内容可能与您的案件无关，您认为与案件无关的项目可以填“无”或不填；对于本表中勾选项可以在对应项打“√”；您认为另有重要内容需要列明的，可以在本表尾部或者另附页填写。
★特别提示★
《中华人民共和国民事诉讼法》第十三条第一款规定：“民事诉讼应当遵循诚信原则。”
如果诉讼参加人违反上述规定，进行虚假诉讼、恶意诉讼，人民法院将视违法情形依法追究责任。</td></tr>
<tr><td>案号</td><td></td><td>案由</td><td></td></tr>
<tr><td colspan="4">当事人信息</td></tr>
<tr><td>答辩人（法人、非法人组织）</td><td colspan="3">名称：
住所地（主要办事机构所在地）：
注册地/登记地：
法定代表人/主要负责人：　　　职务：　　　联系电话：
统一社会信用代码：
类型：有限责任公司□　股份有限公司□　上市公司□　其他企业法人□
事业单位□　社会团体□　基金会□　社会服务机构□
机关法人□　农村集体经济组织法人□　城镇农村的合作经济组织法人□　基层群众性自治组织法人□
个人独资企业□　合伙企业□　不具有法人资格的专业服务机构□
国有□（控股□参股□）民营□</td></tr>
<tr><td>答辩人（自然人）</td><td colspan="3">姓名：
性别：男□　女□
出生日期：　　年　　月　　日　　　民族：
工作单位：　　　　职务：　　　　联系电话：
住所地（户籍所在地）：
经常居住地：</td></tr>
</table>

续表

委托诉讼代理人	有□ 姓名： 单位：　　　　　职务：　　　　　联系电话： 代理权限：一般授权□　特别授权□ 无□
送达地址（所填信息除书面特别声明更改外，适用于案件一审、二审、再审所有后续程序）及收件人、电话	地址： 收件人： 电话：
是否接受电子送达	是□　方式：短信______　微信______　传真______　邮箱______ 其他______ 否□
答辩事项和依据 **（对原告诉讼请求的确认或者异议）**	
1. 对赔偿因虚假陈述导致的损失有无异议	无□ 有□　事实和理由：
2. 对主张连带责任有无异议	无□ 有□　事实和理由：
3. 对实现债权的费用有无异议	无□ 有□　事实和理由：
4. 对其他请求有无异议	无□ 有□　事实和理由：
5. 对标的总额有无异议	无□ 有□　事实和理由：
6. 答辩依据	合同约定： 法律规定：
事实和理由 **（对起诉状事实与理由的确认或者异议）**	
1. 对存在虚假陈述行为的情况有无异议	无□ 有□　事实和理由：
2. 对有无监管部门的认定、处罚有无异议	无□ 有□　事实和理由：

续表

3. 对原告交易情况有无异议	无□ 有□　事实和理由：
4. 对虚假陈述的重大性有无异议	无□ 有□　事实和理由：
5. 对虚假陈述与原告交易行为之间的因果关系有无异议	无□ 有□　事实和理由：
6. 对虚假陈述与原告损失之间的因果关系有无异议	无□ 有□　事实和理由：
7. 对原告损失情况有无异议	无□ 有□　事实和理由：
8. 对原告请求发行人的控股股东、实际控制人、董监高、相关责任人员承担连带责任的情况有无异议	无□ 有□　事实和理由：
9. 对原告请求保荐机构、承销机构、律师事务所、会计师事务所等其他机构及其相关责任人员承担连带责任的情况有无异议	无□ 有□　事实和理由：
10. 有无其他免责/减责事由	无□ 有□　事实和理由：
11. 其他需要说明的内容（可另附页）	
12. 证据清单（可另附页）	

答辩人（签字、盖章）：

日期：

实例：

民事起诉状
（证券虚假陈述责任纠纷）

<table>
<tr><td colspan="2">**说明：**
为了方便您更好地参加诉讼，保护您的合法权利，请填写本表。
1. 起诉时需向人民法院提交证明您身份的材料，如身份证复印件、营业执照复印件等。
2. 本表所列内容是您提起诉讼以及人民法院查明案件事实所需，请务必如实填写。
3. 本表所涉内容系针对一般证券虚假陈述责任纠纷案件，有些内容可能与您的案件无关，您认为与案件无关的项目可以填“无”或不填；对于本表中勾选项可以在对应项打“√”；您认为另有重要内容需要列明的，可以在本表尾部或者另附页填写。
★特别提示★
《中华人民共和国民事诉讼法》第十三条第一款规定：“民事诉讼应当遵循诚信原则。”
如果诉讼参加人违反上述规定，进行虚假诉讼、恶意诉讼，人民法院将视违法情形依法追究责任。</td></tr>
<tr><td colspan="2">**当事人信息**</td></tr>
<tr><td>原告（法人、非法人组织）</td><td>名称：
住所地（主要办事机构所在地）：
注册地/登记地：
法定代表人/主要负责人：　　　职务：　　　联系电话：
统一社会信用代码：
类型：有限责任公司□　股份有限公司□　上市公司□　其他企业法人□
事业单位□　社会团体□　基金会□　社会服务机构□
机关法人□　农村集体经济组织法人□　城镇农村的合作经济组织法人□　基层群众性自治组织法人□
个人独资企业□　合伙企业□　不具有法人资格的专业服务机构□
国有□（控股□参股□）民营□</td></tr>
<tr><td>原告（自然人）</td><td>姓名：朱××
性别：男☑　女□
出生日期：19××年××月××日
民族：×族
工作单位：××公司　职务：职员　联系电话：×××××××××××
住所地（户籍所在地）：福建省××县××镇××村××号
经常居住地：上海市××区××街道</td></tr>
</table>

续表

委托诉讼代理人	有☑ 姓名：吴× 单位：上海××律师事务所　职务：律师 联系电话：××××××××× 代理权限：一般授权□　特别授权☑ 无□
送达地址（所填信息除书面特别声明更改外，适用于案件一审、二审、再审所有后续程序）及收件人、联系电话	地址：上海市××区××路××中心上海××律师事务所 收件人：吴× 联系电话：×××××××××××
是否接受电子送达	是☑　方式：短信______　微信 139×××××× 传真______ 邮箱×××@ QQ. COM 其他______ 否□
被告（法人、非法人组织）	名称：上海××股份有限公司 住所地（主要办事机构所在地）：上海市××区××路××号 注册地/登记地：上海市××区××路××号 法定代表人/主要负责人：李××　职务：董事长 联系电话：××××××××× 统一社会信用代码：911××××××××××× 类型：有限责任公司□　股份有限公司☑　上市公司☑　其他企业法人□ 事业单位□　社会团体□　基金会□　社会服务机构□ 机关法人□　农村集体经济组织法人□　城镇农村的合作经济组织法人□　基层群众性自治组织法人□ 个人独资企业□　合伙企业□　不具有法人资格的专业服务机构□ 国有□（控股□参股□）民营☑

续表

<table>
<tr><td>被告（法人、非法人组织）</td><td>名称：安徽××有限责任公司
住所地（主要办事机构所在地）：安徽省××县××镇××路
注册地/登记地：安徽省××县××镇××路
法定代表人/主要负责人：李×× 职务：董事长
联系电话：×××××××××××
统一社会信用代码：911××××××××××××
类型：有限责任公司☑ 股份有限公司□ 上市公司□ 其他企业法人□
事业单位□ 社会团体□ 基金会□ 社会服务机构□
机关法人□ 农村集体经济组织法人□ 城镇农村的合作经济组织法人□ 基层群众性自治组织法人□
个人独资企业□ 合伙企业□ 不具有法人资格的专业服务机构□
国有□（控股□参股□）民营☑</td></tr>
<tr><td>被告（自然人）</td><td>姓名：
性别：男□ 女□
出生日期： 年 月 日
民族：
工作单位： 职务： 联系电话：
住所地（户籍所在地）：
经常居住地：</td></tr>
<tr><td>第三人（法人、非法人组织）</td><td>名称：
住所地（主要办事机构所在地）：
注册地/登记地：
法定代表人/主要负责人： 职务： 联系电话：
统一社会信用代码：
类型：有限责任公司□ 股份有限公司□ 上市公司□ 其他企业法人□
事业单位□ 社会团体□ 基金会□ 社会服务机构□
机关法人□ 农村集体经济组织法人□ 城镇农村的合作经济组织法人□ 基层群众性自治组织法人□
个人独资企业□ 合伙企业□ 不具有法人资格的专业服务机构□
国有□（控股□参股□）民营□</td></tr>
</table>

续表

第三人（自然人）	姓名： 性别：男□　女□ 出生日期：　　　年　　月　　日 民族： 工作单位：　　　　　职务：　　　　　联系电话： 住所地（户籍所在地）： 经常居住地：
诉讼请求和依据	
1. 赔偿因虚假陈述导致的损失	投资差额损失 314248 元、佣金损失 314.25 元、印花税损失 314.25 元（人民币，下同）
2. 是否主张连带责任	是☑　责任主体及责任范围：控股股东安徽××有限责任公司承担连带责任 否□
3. 是否主张实现债权的费用	是☑　费用明细：请求被告承担律师费 50000 元 否□
4. 其他请求	诉讼费用由被告承担
5. 标的总额	314876.5 元
6. 请求依据	合同约定： 法律规定：《中华人民共和国证券法》（2014）第六十九条、《最高人民法院关于审理证券市场虚假陈述侵权民事赔偿案件的若干规定》第十条
约定管辖和诉讼保全	
1. 有无仲裁、法院管辖约定	有□　合同条款及内容： 无☑
2. 是否申请财产保全措施	已经诉前保全：是□　　　保全法院：　　　　保全时间： 否☑ 申请诉讼保全：是□ 否☑

续表

事实与理由	
1. 被告存在虚假陈述行为的情况	具体虚假陈述行为：《关于收到中国证券监督管理委员会调查通知书的公告》《中国证券监督管理委员会××监管局行政处罚决定书（20××）×号》已认定，被告××股份公司虚增盈利且披露文件存在虚假记载、误导性陈述 虚假陈述行为实施日：20××年××月××日 虚假陈述行为揭露日：20××年××月××日 虚假陈述行为更正日：20××年××月××日 虚假陈述基准日：20××年××月××日
2. 有无监管部门的认定、处罚	有☑ 具体情况：《中国证券监督管理委员会××监管局行政处罚决定书（20××）×号》认定上海××股份有限公司存在以下信息披露违法违规行为：一、未按规定披露关联交易事项，导致2015年至2017年年度报告存在重大遗漏。二、虚增2016年度、2017年度营业收入和利润，导致2016年、2017年年度报告存在虚假记载。三、未按规定及时披露为控股股东及其关联方提供担保事项 无□
3. 原告交易情况	买入情况（日期、数量、单价）：20××年××月××日分别以均价×××元、×××元、×××元分别买入×××××股、××××股、××××股 卖出情况（日期、数量、单价）：20××年××月××日以均价××元卖出××××股
4. 虚假陈述的重大性	被告作为上市公司，未按规定披露关联交易和对外担保事项，虚构保理和原油转口贸易业务，披露的2015年至2017年年度报告存在虚假记载、重大遗漏等行为
5. 虚假陈述与原告交易行为之间的因果关系	原告买入股票系因被告所披露文件存在虚假记载、误导性陈述引起
6. 虚假陈述与原告损失之间的因果关系	因被告所披露文件存在虚假记载、误导性陈述，致使原告大量购入被告公司股票，但实际情况与其披露内容相反，造成原告直接损失314876.5元
7. 原告损失情况	因虚假陈述所造成的投资差额损失：314248元 佣金和印花税损失：628.5元 其他： 明细：
8. 请求发行人的控股股东、实际控制人、董监高、相关责任人员承担连带责任的情况	请求发行人的控股股东安徽××有限责任公司承担原告损失314876.5元的连带责任

续表

9. 请求保荐机构、承销机构、律师事务所、会计师事务所等其他机构及其相关责任人员承担连带责任的情况	
10. 其他需要说明的内容（可另附页）	
11. 证据清单（可另附页）	后附证据清单

具状人（签字、盖章）：朱××

日期：××年××月××日

民事答辩状
（证券虚假陈述责任纠纷）

<table>
<tr><td colspan="4">说明：
为了方便您更好地参加诉讼，保护您的合法权利，请填写本表。
1. 应诉时需向人民法院提交证明您身份的材料，如身份证复印件、营业执照复印件等。
2. 本表所列内容是您参加诉讼以及人民法院查明案件事实所需，请务必如实填写。
3. 本表所涉内容系针对一般证券虚假陈述责任纠纷案件，有些内容可能与您的案件无关，您认为与案件无关的项目可以填“无”或不填；对于本表中勾选项可以在对应项打“√”；您认为另有重要内容需要列明的，可以在本表尾部或者另附页填写。
★特别提示★
《中华人民共和国民事诉讼法》第十三条第一款规定：“民事诉讼应当遵循诚信原则。”
如果诉讼参加人违反上述规定，进行虚假诉讼、恶意诉讼，人民法院将视违法情形依法追究责任。</td></tr>
<tr><td>案号</td><td>（2021）沪××民初××号</td><td>案由</td><td>证券虚假陈述责任纠纷</td></tr>
<tr><td colspan="4">当事人信息</td></tr>
<tr><td>答辩人（法人、非法人组织）</td><td colspan="3">名称：上海××股份有限公司
住所地（主要办事机构所在地）：上海市××区××路××号
注册地/登记地：上海市××区××路××号
法定代表人/主要负责人：李××　职务：董事长
联系电话：×××××××××××
统一社会信用代码：911××××××××××××
类型：有限责任公司□　股份有限公司☑　上市公司☑　其他企业法人□
事业单位□　社会团体□　基金会□　社会服务机构□
机关法人□　农村集体经济组织法人□　城镇农村的合作经济组织法人□　基层群众性自治组织法人□
个人独资企业□　合伙企业□　不具有法人资格的专业服务机构□
国有□（控股□参股□）民营☑</td></tr>
<tr><td>委托诉讼代理人</td><td colspan="3">有☑
姓名：赵××
单位：上海××律师事务所　职务：律师
联系电话：×××××××××××
代理权限：一般授权□　特别授权☑
无□</td></tr>
</table>

续表

送达地址（所填信息除书面特别声明更改外，适用于案件一审、二审、再审所有后续程序）及收件人、联系电话	地址：上海市××区××路上海××律师事务所 收件人：赵×× 联系电话：×××××××××××
是否接受电子送达	是☑ 方式：短信______ 微信 139×××××× 传真______ 邮箱×××@QQ.COM 其他______ 否☐
答辩人（法人、非法人组织）	名称：安徽××有限责任公司 住所地（主要办事机构所在地）：安徽省××县××镇 注册地/登记地：安徽省××县××镇 法定代表人/主要负责人：李×× 职务：董事长 联系电话：××××××××××× 统一社会信用代码：911××××××××××× 类型：有限责任公司☑ 股份有限公司☐ 上市公司☐ 其他企业法人☐ 事业单位☐ 社会团体☐ 基金会☐ 社会服务机构☐ 机关法人☐ 农村集体经济组织法人☐ 城镇农村的合作经济组织法人☐ 基层群众性自治组织法人☐ 个人独资企业☐ 合伙企业☐ 不具有法人资格的专业服务机构☐ 国有☐（控股☐参股☐）民营☑
委托诉讼代理人	有☑ 姓名：徐×× 单位：安徽××律师事务所 职务：律师 联系电话：××××××××××× 代理权限：一般授权☐ 特别授权☑ 无☐
送达地址（所填信息除书面特别声明更改外，适用于案件一审、二审、再审所有后续程序）及收件人、联系电话	地址：安徽省××合肥市××路2号安徽××律师事务所 收件人：徐×× 联系电话：×××××××××××
是否接受电子送达	是☑ 方式：短信______ 微信 139×××××× 传真______ 邮箱×××@QQ.COM 其他______ 否☐

续表

答辩人（自然人）	姓名： 性别：男□　女□ 出生日期：　　　年　　月　　日 民族： 工作单位：　　　　　职务：　　　　　联系电话： 住所地（户籍所在地）： 经常居住地：
委托诉讼代理人	有□ 　姓名： 　单位：　　　　　职务：　　　　　联系电话： 　代理权限：一般授权□　特别授权□ 无□
送达地址（所填信息除书面特别声明更改外，适用于案件一审、二审、再审所有后续程序）及收件人、联系电话	地址： 收件人： 电话：
是否接受电子送达	是□　方式：短信______ 微信______ 传真______ 邮箱______ 　　　　　其他______ 否□
答辩事项和依据 **（对原告诉讼请求的确认或者异议）**	
1. 对赔偿因虚假陈述导致的损失有无异议	无□ 有☑　事实和理由：上海××股份有限公司实施的虚假陈述不具有重大性，原告在实施日后购入上海××股份有限公司股票的交易行为是受到虚假陈述实施后发生的重大资产重组等其他重大事件的影响，而非受到证券虚假陈述的影响，本案交易因果关系不成立，上海××股份有限公司不应承担任何赔偿责任
2. 对主张连带责任有无异议	无□ 有☑　事实和理由：安徽××有限责任公司并非被告上海××股份有限公司2015年至2017年年度报告的信息披露义务人，也未参与上市公司对外信息披露行为，对上市公司未按规定披露信息不存在过错，无须对虚假陈述给投资者造成的损失承担连带责任

续表

3. 对实现债权的费用有无异议	无☐ 有☑ 事实和理由：原告请求被告支付律师费没有事实和法律依据
4. 对其他请求有无异议	无☐ 有☑ 事实和理由：由原告承担诉讼费
5. 对标的总额有无异议	无☐ 有☑ 事实和理由：原告的损失系其参与股市交易行为的正常风险，所产生的价格落差损失，应由其自行承担
6. 答辩依据	合同约定： 法律规定：《中华人民共和国证券法》（2014）第六十九条、《最高人民法院关于审理证券市场虚假陈述侵权民事赔偿案件的若干规定》第十条
事实和理由 **（对起诉状事实与理由的确认或者异议）**	
1. 对存在虚假陈述行为的情况有无异议	无☑ 有☐ 事实和理由：
2. 对有无监管部门的认定、处罚有无异议	无☑ 有☐ 事实和理由：
3. 对原告交易情况有无异议	无☑ 有☐ 事实和理由：
4. 对虚假陈述的重大性有无异议	无☐ 有☑ 上海××股份有限公司实施的虚假陈述不具有重大性
5. 对虚假陈述与原告交易行为之间的因果关系有无异议	无☐ 有☑ 事实和理由：原告在实施日后购入上海××股份有限公司股票的交易行为，是受到了虚假陈述实施后发生的重大资产重组等其他重大事件的影响，而并非受到证券虚假陈述的影响，本案中交易因果关系不成立
6. 对虚假陈述与原告损失之间的因果关系有无异议	无☐ 有☑ 事实和理由：原告的损失系其参与股市交易行为的正常风险，所产生的价格落差损失，应由其自行承担
7. 对原告损失情况有无异议	无☐ 有☑ 事实和理由：被告不应向原告承担损失赔偿责任

续表

8. 对原告请求发行人的控股股东、实际控制人、董监高、相关责任人员承担连带责任的情况有无异议	无□ 有☑ 事实和理由：安徽××有限责任公司未参与虚假陈述行为，不应承担连带责任
9. 对原告请求保荐机构、承销机构、律师事务所、会计师事务所等其他机构及其相关责任人员承担连带责任的情况有无异议	无□ 有□ 事实和理由：
8. 有无其他免责/减责事由	无□ 有□ 事实和理由：
9. 其他需要说明的内容（可另附页）	
10. 证据清单（可另附页）	

答辩人（签字、盖章）：
上海××股份有限公司 李××
安徽××有限责任公司 李××
日期：××年××月××日

图书在版编目（CIP）数据

民事起诉状、答辩状示范文本：试行／中国法制出版社编．—北京：中国法制出版社，2024.6．—ISBN 978-7-5216-4542-2

Ⅰ．D926.13

中国国家版本馆 CIP 数据核字第 2024QZ8640 号

民事起诉状、答辩状示范文本（试行）

MINSHI QISUZHUANG、DABIANZHUANG SHIFAN WENBEN（SHIXING）

经销/新华书店

印刷/三河市紫恒印装有限公司

开本/710 毫米×1000 毫米　16 开　　印张/11.5　字数/126 千

版次/2024 年 6 月第 1 版　　2024 年 6 月第 1 次印刷

中国法制出版社出版

书号 ISBN 978-7-5216-4542-2　　定价：32.00 元

北京市西城区西便门西里甲 16 号西便门办公区

邮政编码：100053　　传真：010-63141600

网址：http：//www.zgfzs.com　　**编辑部电话：010-63141675**

市场营销部电话：010-63141612　　**印务部电话：010-63141606**

（如有印装质量问题，请与本社印务部联系。）